NOTICE HISTORIQUE

SUR

ET LES ENVIRONS

PAR L. BORNOT,

Ancien Notaire.

PARIS

IMPRIMERIE DE BUREAU ET Ce,

14, RUE GAILLON.

1852

NOTICE HISTORIQUE

SUR

CHATOU

ET LES ENVIRONS

CHATOU

Écrire l'histoire de Chatou et des environs n'est pàs ma prétention, et je pense qu'il n'y a pas ici matière à faire une histoire, mais réunir seulement plusieurs notes et documents que j'ai pu me procurer sur ce village, m'a paru une entreprise réalisable et de nature à piquer la curiosité des habitants.

En publiant ces notes, je sais que je m'expose à la critique plus ou moins juste de mes lecteurs, dont j'entendrai au reste les observations avec plaisir, mon seul but étant de rassembler des faits inédits que j'ai découverts dans de vieux titres, dans les archives de la commune et dans quelques ouvrages épars qu'il m'a paru utile de coordonner et de rectifier. Je n'ai rien négligé pour imprimer un caractère de vérité à mes récits ; je n'ai rien hasardé, et parmi les documents qui sont passés sous mes yeux, j'ai élagué soigneusement ceux qui m'ont paru douteux ; ou du moins, si je me suis occupé de quelques-uns de ces derniers, j'ai eu soin d'en indiquer l'origine. J'ai rapporté aussi dans toute leur simplicité le style et les dires des bonnes gens de Montesson et Chatou.

Ce village, distant de 17 kilomètres de Paris et de 4 kilomètres un quart de Saint-Germain-en-Laye, est situé sur la rive droite de la Seine, qui autrefois était de moindre largeur et a été agrandie en 1682 par les ordres de Louis XIV, depuis Besons jusqu'au Pecq, pour le service de la navigation interceptée par la machine de Marly.

Dans un titre du 27 juin 1682, passé devant de Beauvais, notaire à Paris, on voit que messire Patrocles, seigneur de Croissy, tant en son nom que comme tuteur de demoiselle Françoise Patrocles, sa fille, âgée de vingt-deux ans, femme de chambre de la Reine et de ses autres enfants, a vendu au Roi une grande pièce de pré tenant d'un côté le long du canal, commençant d'un bout au mur du jardin du prieur de Croissy, et finissant d'autre bout à la séparation de la seigneurie de Croissy d'avec la garenne du Vesinet, contenant 26 arpents 23 perches et demie pour l'élargissement de ladite rivière ou canal. Plus 12 perches et demie de pré dans l'île vulgairement appelée *le Montant-à-la-Vache*; plus le droit de *gord* et de moulin sur ladite rivière de Seine, au lieudit *Mauport*.

En effet, en décembre 1681, Joseph Swalen Renkin (1), né à Liége en 1648, et mort

(1) Renkin ou Rennequin avait épousé, en France, la demoiselle Louise Raillard; de ce mariage est issue Louise Swalem Renkin, qui a épousé Pierre Denis, tabellion à

à Bougival en 1708, construisit la machine de Marly, qui fut mise en état d'agir et d'envoyer les eaux à Versailles en 1683.

Si l'on en croit encore la tradition qui donne au canal de la droite le nom de nouvelle rivière, ce bras a été creusé par mains d'hommes, et parallèlement au lit primitif, lors de la construction de la machine de Marly, en laissant sur sa gauche une grande et unique île qui aurait été coupée subséquemment, en différents endroits, par l'effet du gonflement et de la chûte des eaux du principal et ancien lit soutenu dans celui où elle coule librement, de manière à former des brèches plus ou moins larges et profondes, entre ce qu'on appelle maintenant les îles de Carrières, de Chatou, de Croissy et de la Loge. Les trois premières ont été reliées depuis, artificiellement et à

Chatou. A l'extrémité occidentale de l'église de Bougival, est gravée sur un marbre blanc l'épitaphe suivante :

Ci-gît honorable personne sieur Rennequin Sualem, seul inventeur de la machine de Marly.

Sualem, retiré à Bougival, y termina une vie abreuvée d'amertume et de dégoût.

grands frais, par des digues en charpente avec enrochements intérieurs et recouvrements en pierres posées de champ.

Le sol des communes dont nous nous occupons est le même que le bassin de la Seine qui se compose d'abord d'un fond de craie au-dessus de laquelle on rencontre une couche de sable perméable surmontée elle-même d'une argile grasse. Ensuite viennent les terrains tertiaires sur lesquels se trouvent les attérissements ou dépôts modernes et les terres végétales.

Ce sol d'alluvion est en quelques endroits, et notamment sur les bords arrosés par la Seine, un limon d'épaisseur très variable, brunâtre près de la rivière du côté du Pecq jusqu'à Croissy, de sable fin dans son milieu, de gros sable sous la terrasse de Chatou à Croissy, de terre glaise sur les bords, jusqu'à Carrières-Saint-Denis et au-delà ; enfin, très caillouteux et siliceux sur le terroir de Chatou jusqu'à Croissy, tout le bois du Vesinet et Montesson.

Comme dans tous les terrains qui ont été

longtemps sous les eaux, on y trouve aussi des fossiles qui ont appartenu à des êtres dont la race est perdue dans ce pays, et qui ne se retrouvent plus que dans des latitudes éloignées, tels que des os d'éléphants, d'élans, de rhinocéros, des troncs d'arbres anté-diluviens. Dans les carrières de pierres et moellons qu'on exploite en galeries souterraines à Carrières et à Montesson, on a découvert des empreintes de poissons inconnus et qui n'ont plus d'analogues dans ces contrées.

Ces débris d'animaux trouvés dans les profondeurs de la terre, ces découvertes de couches successives de terrains de diverses natures, ont démontré aux géologues que les chronologies traditionnelles ne sont rien en comparaison des chronologies de la terre.

En effet, si l'on fait remonter au déluge (5,000 ans, l'époque à laquelle ces poissons trouvés dans les carrières vivaient dans les eaux de la mer, quelle antiquité donnera-t-on aux autres couches plus profondes!

Nous avons fait connaître quelle était la

nature du sol sur lequel nous marchons et les objets qu'il renferme, nous nous occuperons maintenant des événements qui se sont passés à sa surface. Nous donnerons d'abord la parole aux historiens qui s'en sont occupés avant nous. Voici la relation de l'auteur de l'histoire de Saint-Germain :

« Quelques auteurs ont prétendu que cette » commune était un ancien lieu nommé *Cap-* » *tunacum*, où nos rois avaient une résidence » et un hôtel des monnaies; mais l'abbé Le- » bœuf trouve cette assertion fort douteuse. » Dans les anciens titres, elle est désignée par » les noms de *Chato*, *Catho* et *Chatoue.* »

Que Chatou ait été ou non le siége d'une habitation royale, il n'en est pas moins d'une antiquité fort respectable. Les dictionnaires géographiques le qualifient de petite ville (1).

(1) On lit dans des titres de 1050, 1114 et 1557, relatifs à des procès, que Chatou et Montesson étaient qualifiés de villes. On dit, dans une délibération du conseil municipal du 28 thermidor an XII, que Chatou était autrefois une ville fortifiée.

En 1182, l'abbaye de Malenoue y possédait une seigneurie et une dîme (1). Cependant ce village, aujourd'hui fort joli, ne devait pas être considérable; car, en 1470, on n'y comptait que 30 habitants. En 1775, on évaluait le nombre de ses feux à 152 ou 160, ce que le Dictionnaire universel de France estime devoir fournir le nombre de 682 communians. L'abbaye de Saint-Denis avait des biens à Chatou, et y exerçait un droit de justice qu'elle partageait avec l'abbaye de Malenoue et quelques seigneurs séculiers.

L'église de Chatou, sous l'invocation de la Vierge, est un monument du XIIIe siècle; son clocher paraît du XIIe. Elle passe, dans le pays, pour avoir été bâtie par les Anglais; mais il ne faut qu'ouvrir l'Histoire de France au XIIIe siècle pour voir qu'alors les Anglais n'avaient point d'établissements aux environs de Paris, et surtout d'établissements assez assurés pour qu'ils pussent se croire maîtres

(1) Dès 1030, les religieuses de Malenoue plaidaient sur le péage du bac, qui leur appartenait.

du pays et y faire des constructions. La présentation à la cure avait été accordée à l'abbaye de Colombes par un évêque de Paris dont le nom n'est pas connu. Elle est occupée aujourd'hui par un desservant résidant.

On remarque à Chatou un château bâti à grands frais par Bertin, qui fut un des ministres de Louis XVI. Ce château, ainsi que tout ce qui en dépend, construit sur les dessins de Soufflot, est accompagné de vastes jardins, d'un parc décoré d'une magnifique terrasse que borde la rivière, de grottes et d'une pièce d'eau. On rencontre, outre cela, dans ce village, plusieurs habitations agréables.

Pendant longtemps on y passa la Seine sur un bac dont le produit avait été en 1660 donné par le roi aux religieuses de Malenoue (1). En 1650, M. Portail, premier président du parlement, et dame Rose, son épouse, firent bâtir un pont en bois. En 1723, par un con-

(1) On a vu par la note précédente que dès 1050 ce bac appartenait auxdites religieuses.

trat dont des lettres du 14 avril 1726 nous apprennent l'enregistrement, ils cédèrent leur pont au roi moyennant une rente noble et féodale de 6500 livres, à prendre sur l'état des bois de la généralité de Rouen.

Ce pont, qui avait été rétabli en 1812, fut coupé en 1815 pour arrêter la marche des troupes étrangères et reconstruit en 1819. Il n'offre rien de remarquable que sa longueur extraordinaire et son peu de largeur. Il traverse deux fortes branches de la Seine.

Le territoire de Chatou se compose de

60 hectares 36 ares, plantés de vigne.	60 h. 36 a.
388 hectares de terres labourables, prairies, jardins et habitations	388 »
Et de 312 hect., composés d'une partie du Vesinet . .	312 »
TOTAL. .	760 h. 36 a.

Nous ajouterons que le sol est généralement léger et caillouteux, sauf les cantons du

Bray, du Mouillefetu, des Côtes-des-Chevaux-Ruent et des Larris, qui sont d'une bonne nature de terre. La culture des seigles et légumes de toute nature y prospère au moyen d'engrais qu'on se procure facilement à Paris. La vigne y est belle et donne d'abondants produits ; on la fume avec l'engrais connu sous le nom de *gadoue* qui l'a fait produire extraordinairement. Le vin est généralement mauvais, plat, vert et sans vinosité. Cependant il existe des cantons nommés les *Casse-Bouteilles* et les *Champagnes*, où la tradition porte que le vin y était bon, ce qui semblerait l'annoncer si ces noms ont la signification qu'on veut bien leur donner. Nous ne pouvons rien affirmer là-dessus ; ont-ils dégénéré ou étaient-ils de la qualité de ceux de Suresnes qu'Henri IV prisait tant ?

La population se compose d'environ treize cents habitants pendant toute l'année, et d'environ trois cents de population flottante pendant l'été, qui peuplent les nombreuses maisons de campagne, bâties sur les terrains de Messieurs d'Aligre, Maine et autres.

La garde nationale se composait d'environ deux cent cinquante hommes, y compris une subdivision de pompiers, la plupart armés et équipés.

Il y a quelques années, on voyait encore à Chatou des maisons de campagne remarquables par leur étendue et les personnes qui les avaient habitées ; la plupart sont détruites et sur leurs terrains s'élèvent des constructions nouvelles. On citait la maison et le parc du chancelier Maupeou dont on voit encore la propriété, divisée sur le bord de la Seine, depuis la rue Bourbon jusqu'à l'avenue de Croissy, et qui comprenait la propriété dite des Pavillons.

La propriété de madame de Crussol, avec un belvédère au milieu, qui a été longtemps habitée par M. Maine, et sur l'emplacement de laquelle on voit les habitations de madame Levrat, maison dite *du Singe* et autres. La tradition porte que nos rois faisaient battre monnaie dans cet hôtel.

La maison de M. Cuel, dans laquelle le premier consul Bonaparte est venu rendre visite à son ministre Réal.

La maison de M. Camille Perier, dont le parc de dix-sept arpents a été divisé et vendu.

L'ancien presbytère qui a été vendu révolutionnairement et depuis est devenu l'habitation du ministre Réal, né à Chatou, fils de François-Prix Réal, garde des plaisirs du roi et dont la famille, originaire de Savoie, avait eu un muletier pour ancêtre.

On voit encore la faisanderie, située à l'extrémité de Chatou, attenant au Vesinet. Cette maison qui, avant la révolution, faisait partie de l'apanage du comte d'Artois, était un rendez-vous de chasse, remarquable par la simplicité de sa construction, qui lui donne l'aspect d'un joli ermitage, par son jardin bien entretenu et par son point de vue magnifique, d'où l'on découvre depuis Malmaison jusqu'à Saint-Germain. Elle a été aliénée pendant la révolution avec quarante arpens du Vesinet.

Sur le chemin de Chatou à Nanterre était

aussi une très petite chapelle de Sainte-Geneviève, placée, à ce qu'on assure, dans l'endroit où cette bergère gardait les troupeaux de son père. Les gens de bonne foi, qui croyaient que la protection des bienheureux s'achetait, jetaient par la porte des pièces de monnaie afin de se rendre la sainte favorable.

Cette chapelle a été détruite et sur son emplacement on a élevé une simple croix en bois pour en perpétuer le souvenir.

PONT DE CHATOU.

On a vu les différentes vicissitudes qu'a subi le pont de Chatou, et voici la relation authentique de sa dernière catastrophe.

Le 28 juin 1815, le général français Beker se rendit à Chatou, accompagné d'un détachement de dragons et d'infanterie de la garde impériale, pour brûler le pont dans toute sa longueur; mais sur la représentation de M. Travault, maire, et de son adjoint, le général fit mettre le feu seulement au pont qui tient à Chatou; l'embrasement dura deux jours. C'était pour arrêter la marche des troupes alliées qui marchaient sur Paris.

Le 29 au matin, vers cinq heures, un officier du génie prussien, accompagné d'un détachement de lanciers prussiens, vint reconnaître les lieux, ordonna qu'on réunit des barques qui étaient dans l'autre rivière; mais cela ne fut pas exécuté.

Le lendemain, l'officier revint avec un gros corps de pontonniers d'infanterie et cavalerie et resta jusqu'au 7 juillet; il fut établi un pont en planches sur les pieux en amont du pont brûlé qui servaient de gare, mais ce pont n'ayant pas été prêt assez tôt, les colonnes prussiennes, dont celle de Blücher, traversèrent le territoire et se rendirent au pont du Pecq qui fut attaqué et pris.

Le motif allégué par le maire de Chatou, que le pont avait été brûlé pour arrêter la marche des étrangers qui se dirigeaient sur Paris, n'était pas le seul, et il est permis de croire que c'était aussi pour garantir d'une surprise le château de la Malmaison où était alors retiré l'empereur Napoléon, prêt à partir pour Rochefort.

Ce pont fut remplacé par un autre provisoire, en bois, par une compagnie qui y établit un péage, lequel eut cours jusqu'au 1er avril 1834. A cette époque, les entrepreneurs obtinrent de la préfecture une prorogation de perception de six mois pour prétendues pertes qu'ils avaient éprouvées pendant le cours de leur bail, mais cette prétention qu'ils renouvelaient pour la seconde fois était si odieuse, et la commune avait tellement souffert de ce péage qui empêchait le passage par la commune de la plupart des voyageurs et des voitures, que les habitants s'en indignèrent, chassèrent les préposés aux recettes, et qu'enfin cet odieux impôt fut définitivement aboli. Quelques années après le pont fut reconstruit comme il l'est aujourd'hui.

ILES ET RIVIÈRE.

La grande île de Chatou appartenait anciennement à la communauté des habitants de cette paroisse. Dès l'an 1050 et en 1114 on voit que des contestations relatives au pacage ont eu lieu entre les habitants de Chatou et de Montesson. En l'année 1157, nouveau procès ; ceux de Montesson dans leurs dires prétendaient qu'originairement les deux paroisses n'en formaient qu'une et qu'ils relevaient de la cure de Chatou, attendu qu'il n'y avait pas de curé à Montesson, que le terroir de Chatou s'étendait jusqu'à Montesson et qu'ils avaient les mêmes droits que les habitants et *manants* de Chatou.

Mais par sentence de la prévôté de Paris, rendue le 26 aout 1157, les habitants et *manants* de Montesson ont été ôtés de la jouissance de ladite île de Chatou.

Cependant il ne paraît pas que les habitants de Montesson se soient considérés comme battus ; car il fut pris à l'époque de la révolution par le conseil municipal de cette commune, une délibération ainsi conçue :

« Ce jourd'hui, 2 termidor an 2 de la république Française une et indivisible, un membre du conseil général a exposé que la femme *Feuquières* ayant toujours éludé de répondre aux demandes qui lui ont été faites depuis près d'un an par le conseil général de cette commune relativement aux prétentions des habitants, sur une partie de l'île de Chatou qui a été *usurpée* par les ci-devant seigneurs ses prédecesseurs, qu'elle a également éludé la révision du triage qui a été exercé par son prédécesseur, sur une pièce de biens communaux de 300 arpens, ce qui a retardé le partage accordé par la loi du 10 juin 1793, il propose au conseil général de faire les mêmes réclamations auprès de l'administration du district, puisque les biens de la femme Feuquières condamnée à mort par le tribunal révolutionnaire appartiennent à la république.

«Le conseil général après délibération et sur ce ouï, l'agent national a arrêté que les citoyens Jean Barrière, maire, et Léonard-Alexandre Soyer, membre du conseil, seraient chargés de faire une courte analyse des titres qui établissent :

» 1° Le droit de propriété de la commune de Montesson sur 30 arpents de l'île de Chatou usurpés sur les habitants par les ci-devant seigneurs ;

» 2° Les droits d'usage, pacage et paturage qu'ont les habitants de Montesson dans la forêt du Vésinet, dont la jouissance n'a été suspendue qu'à cause du régime cruel des chasses de nos ci-devant rois ;

» 3° Enfin, un court exposé des motifs qui déterminent le conseil à demander la révision du triage exercé par le ci-devant seigneur de Chatou en 1775. »

ILE DE CHATOU.

Un titre de 1310 et 1330 intitulé : Dire des bonnes gens des *villes* de Chatou et Montesson.

Les habitants de Montesson disent aux juges du Châtelet « qu'ils avaient été de si long-
» temps que ce n'était mémoire du contraire
» en bonne saisine... de mener toutes leurs
» bêtes paître en l'isle de Chatou, de vendre,
» faire vendre prendre, lever et tourner par de-

» vers eux et en leur profit et supporter tous frais
» qu'il leur plaisait, paisiblement toute l'herbe,
» les saulx, bûches et émoluments d'icelui
» isle et de avoir, tenir et pour semer ladite
» isle comme leur chose et lesdits prés de la
» ville; sans que les devanciers du seigneur
» y eussent mis ni pussent mettre pour-
» ceaux, etc. moyennant certaines redevances
» qu'ils payaient.

» Les habitants de Montesson se plaignent
» encore de ce que » ledit seigneur ou son
» commandant avait levé et emporté et tourné
» par devers lui une épine, qui était audit
» isle, qui était auxdites bonnes gens et
» qu'il avait mis et fait mettre auxdits isle et
» prés ses pourceaux, qui les fouillaient et
» plusieurs autres bêtes grosses et menues
» trop grande quantité au préjudice desdites
» bonnes gens. »

Ce procès, qui paraît avoir duré l'espace de 23 ans, a été terminé par une sentence du Châtelet du samedi 14me jour d'août 1333 qui porte que lesdits bonnes gens ont bien prouvé leur dire, qu'eux et leurs hoirs en puissent jouir.

En conséquence de la déclaration du Roi du 6 novembre 1677 et arrêt du conseil rendu le 27 du même mois, les habitants de Montesson ont été condamnés à payer 1225 liv. pour être maintenus dans la jouissance de 30 arpens de pré dans l'isle de Chatou usurpés sur les habitants de Montesson par les ci-devant seigneurs.

Titres qui prouvent le droit d'usage, pacage et paturage des habitans de Chatou et Montesson dans la forêt du Vésinet.

Les habitants de Montesson sont maintenus dans leurs droits d'usage, pacage et paturage lorsque les taillis sont parvenus à leur quinte feuille, par la sentence ci-dessus citée de 1333.

Le 16 février 1606 le roi ayant acquis les bois appelés anciennement la forêt de Cornillon et depuis la *Trahison* des ci-devant seigneurs de Chatou et la Borde, a déclaré solennellement qu'en unissant et incorporant lesdits bois à ladite fôrêt il maintient et conserve dans leurs droitures en usage les habitants de Chatou et Montesson opposans, pour en jouir par eux ainsi qu'ils ont par ci-devant bien et dûment faits.

Une quittance du 12 septembre 1614 portant quittance de 26 liv. 5 sols à cause du droit qu'ont les habitants de Montesson de mener paître leurs bestiaux dans la garenne du roi qui est proche du village de Montesson.

Une mainlevée du jeudi 17me jour de mai 1707 qui porte : nous avons levé nosdits défenses et otées sans que icelles puissent nuire ni préjudicier aux droits desdits habitants d'usage et paturage.

De tous ces droits bien reconnus par nos rois, qu'en est-il resté aux bonnes gens des villages de Chatou et Montesson, malgré toutes les oppositions et procès qu'ils ont pu faire et intenter? D'abord ceux de Montesson ont perdu leur droit de paturage dans la forêt du Vesinet et sur l'île de Chatou, et ceux de cette dernière commune ne sont exercés que dans l'ile de Chatou dépendant de l'ancienne seigneurie où ces habitants n'ont droit qu'après la première coupe des foins.

C'est ici le cas derappeler que c'est à tort que dans la délibération du conseil municipal de Montesson il est dit que l'île a été usurpée par les seigneurs, la vérité est qu'en 1603 les habitants et *manants* de Chatou (est-il dit dans l'acte) l'ont vendue à messire Claude de Luynes, seigneur de Chatou moyennant 9000 livres pour être employées à l'acquit de dettes de leur communauté et notamment au rachat d'une rente de 425 livres et des arrérages dus.

Le droit des habitants à la jouissance du paturage a été reconnu par un jugement de la justice de paix rendu en 1823.

COMMUNAUX DE CHATOU ET MONTESSON.

Le partage des terres communales a eu lieu entre les communes de Chatou et Montesson après que le triage en a été fait en 1775 par M. de Bertin, seigneur de Chatou.

La commune de Montesson a aliéné ses

terres à titre de rente foncière, celle de Chatou en a aussi aliéné une partie au même titre et il lui en reste encore 20 arpens 50 perches en nature qui sont affermés.

Les terres qui dépendaient de la seigneurie de Chatou sont encore en possession du propriétaire actuel de cette seigneurie.

Les habitants de ces communes non seulement possédaient le droit de pâturage dans le Vésinet, sur la partie du bois de la Trahison (160 arpens), cédée par le seigneur de Chatou au roi, mais encore sur les terres situées au lieu dit les Bruyères ou les Landes moyennant, pour ces dernières terres, une redevance de vingt deniers par chaque feu, ainsi qu'il résulte d'une déclaration de 1695.

Le 16 septembre 1849, le Conseil municipal de Chatou prit une délibération par laquelle il proposait de vendre les vingt arpens et demi de la commune, mais les habitants s'y opposèrent énergiquement; ils ne voulurent pas être dépouillés d'une propriété qu'ils possédaient depuis un temps immémorial et la vente n'eut pas lieu.

GARENNE DU VESINET.

Ce bois paraît remonter à la plus haute antiquité, et si l'on en croit la chronique, déjà du temps de Charlemagne, c'est-à-dire vers l'an 700 ou 800 de notre ère, il en a été mention.

A cette époque reculée, une partie de bois contigüe s'appelait : forêt de Cornillon, et plus tard : de la *Trahison*, ainsi qu'on l'a vu dans les titres énoncés ci-devant. Sans doute ce qui lui a valu ce dernier nom est une légende qui peut-être diversement appréciée sur le degré de véracité qu'on peut lui accorder.

« Vis-à-vis le château de Saint-Germain, sur la lisière du bois du Vesinet, existait en 1632, sous le ministère du cardinal de Richelieu, une petite maison couverte de chaume, un jardin clos de grandes aubépines s'étendait devant la maison, et au-delà il y avait une prairie qui descendait jusqu'au bord de la Seine (1).

Non loin de là, dans le bois du Vesinet, il y avait un lieu appelé : *le Chêne de Roland.* Alors, il ne restait plus que la souche de cet arbre qui avait porté le nom du neveu de Charlemagne. Elle formait presque à fleur de terre comme une table circulaire, dans les fissures de laquelle croissaient des mousses et des joubarbes ; à l'entour s'étendait une petite clairière toute semée de thym et d'argentine. Une vieille tradition s'attachait à ce lieu près duquel on montrait encore, dans un fourré, une grosse pierre appelée : *Table de la Trahison.* Là, disaient quelques historiens, fut méditée la trahison de Ganelon de Hauteville et de ses complices contre Roland, le grand paladin, et contre les douze pairs de France ; c'est là qu'on prépara la défaite de Roncevaux ; ce fut sur la table de pierre que les conjurés signèrent leur pacte et prêtèrent

(1) La maison du garde général du Vesinet pourrait bien être cette maisonnette.

leurs serments. C'est encore en ce lieu, disait la tradition, que Charlemagne fit mourir les traîtres sur un bûcher.

Le Chêne de Roland était encore, sous Richelieu, le but de tous ceux qui venaient faire leur promenade dans la forêt ; le layon de Chatou y aboutissait directement.

Les mêmes traditions ajoutent qu'en mémoire et pour châtiment du crime, Dieu voulut qu'une branche d'arbre, coupée d'un côté de la route et jetée dans l'eau, y surnageât, et qu'une branche coupée de l'autre côté de la route et pareillement jetée dans l'eau coulât à fond comme une pierre.

André Duchêne et d'autres auteurs racontent très sérieusement cette particularité, mais aucun d'eux ne dit s'il l'a vérifiée.

Voici encore sur l'histoire de ce bois ce qu'on trouve dans la notice de Saint-Germain déjà citée : « Henri IV paraît être le premier de nos rois qui se soit occupé du bois du Vesinet, mais s'il y a donné quelque attention, c'est qu'il avait l'avantage de se trouver en face de Saint-Germain et sous les fenêtres du château neuf. Ce fut probablement ce prince qui y fit ouvrir les principales routes qui, toutes, aboutissent à une très belle place circulaire au midi de la Seine.

Au décès de Henri IV, le bois du Vésinet ne contenait que 284 arpens 24 perches. En 1612 (1), les seigneurs de Chatou et de la Borde cédèrent à Louis XIII 335 arpens 92 perches de forêts attenants.

En 1634, le seigneur de Croissy fit pareillement cession de 363 arpens 43 perches. Louis XIV y réunit pendant son séjour à Saint-Germain, différens cantons voisins ; il acquit de l'importance et de l'étendue et selon un arrêt du Conseil d'Etat du 5 avril 1751 qui en ordonna la fixation, la délimitation et le bornage, il fut reconnu de la contenance de 1294 arpens 63 perches 3/4. Il fut transformé en garenne et entouré en partie de murs qui enfermèrent beaucoup de terrains vagues généralement

(1) C'est le 16 février 1606.

ment d'une médiocre valeur (1). Il y fut construit une faisanderie et il devint un domaine.

Par arrêt du Conseil, en date du 26 janvier 1664, le bois du Vesinet fut visité par le grand-maître des eaux et forêts, et, sur son rapport, quoiqu'il fût affermé 6,000 livres, et qu'on n'eut pas le droit de troubler le locataire dans la jouissance de la chasse louée, il fut décidé que les lapins qui le peuplaient, et qui s'étaient multipliés à l'infini, seraient détruits, que les arbres seraient recepés et replantés. Cet arrêt ne fut jamais exécuté : les bois et le domaine du Vesinet furent affermés au maréchal de Noailles pour la même somme. Le gibier y fut conservé par son ordre, au préjudice des végétaux du sol et des terrains environnants. Le maréchal de Noailles, non content de ne tenir aucun compte de l'arrêt du Conseil qui ordonnait la destruction des la-

(1) Ces murs furent construits sur les réclamations des habitants des communes riveraines dont les récoltes étaient dévorées par la grande quantité de lapins qui peuplaient la forêt.

pins, agit en propriétaire du Vesinet. Sans doute, valablement autorisé, il fit défricher 300 arpents de la Garenne, bâtit des habitations pour les cultivateurs, et la population de cette colonie s'éleva bientôt à quatre-vingts personnes. Du consentement des curés de Chatou et du Pecq, il fit construire au centre de ses défrichements une chapelle avec un logement pour le chapelain, afin que l'on pût célébrer, sur les lieux mêmes, la messe et les autres offices, et consacrer les espèces sacrées et les saintes huiles.

Cette fondation semblait nécessaire, parce que Chatou, distant d'une lieue, était bien éloigné pour que les habitants du Vesinet allassent y remplir régulièrement leurs devoirs religieux, et que le pont du Pecq, paroisse la plus voisine, pouvait à tout moment être emporté par les eaux. L'archevêque de Paris commit un chapelain pour remplir les fonctions curiales, à condition qu'on ferait transcrire les baptêmes et les sépultures sur les registres de la paroisse de laquelle la nouvelle chapelle serait déclarée une dépendance. En 1726, le 8 août, le cardinal de Noailles, nonobstant quelques baptêmes administrés à Chatou, déclara que les habitants du Vesinet appartiendraient à l'avenir à la paroisse du Pecq.

Henri IV et ses successeurs prenaient le plaisir de la chasse dans le bois du Vesinet. Louis XIV même, lorsqu'il eût fixé sa cour à Versailles, venait se recréer dans les environs de Chatou où il avait pris naissance.

Voici ce qu'on lit dans les mémoires de Dangeau, du 24 avril 1698 :

« Le roi alla à la volerie (chasse au vol) dans la plaine du Vesinet. Le roi d'Angleterre et le prince de Galles y étaient, mais la reine d'Angleterre n'y vint point ; elle était assez incommodée depuis quelques jours : Madame et madame la duchesse y étaient à cheval. On prit un milan noir et le roi fit expédier une ordonnance de 600 liv. pour le chef du vol. Il en donne autant tous les ans au premier milan noir qu'on prend devant lui ; autrefois il donnait le cheval sur lequel il était monté et sa robe de chambre. »

On raconte encore que le 6 janvier 1689 après midi, Louis XIV partit de Marly avec Monseigneur et Monsieur et alla sur le chemin de Chatou où il attendit le roi d'Angleterre qui arriva un quart d'heure après. Dès qu'on vit approcher les carrosses qui l'amenait, le roi et sa suite mirent pied à terre. Louis fit arrêter la première voiture où était le prince de Galles qu'il embrassa tendrement.

Alors la reine descendit de voiture et vint faire au monarque un compliment plein de reconnaissance pour les bontés qu'il lui prodiguait ainsi qu'à son époux. (1) Louis XIV lui répondit : Je vous rends aujourd'hui, madame, un triste service, mais j'espère vous en rendre bientôt de plus grands et de plus heureux. Le cortège se mit ensuite en route pour Saint-Germain.

Le domaine fut donné au comte d'Artois, depuis Charles X, et devint propriété nationale par son émigration.

(1) Jacques II et Marie D'Est sa femme.

Lorsque Louis XIV enleva aux communes riveraines de la forêt de Saint-Germain le droit de paturage qu'elles y possédaient, il acheta, pour les dédommager, des prairies qui furent partagées, mais on ne dit pas qu'il en fut de même pour le droit de pacage dans le Vésinet.

La délimitation de 1751 donne le résultat suivant : superficie des bois, terres, jardins et bâtiments ci. . . . . . . 1264 arp. 63 p.

Pendant la révolution il a été aliéné la faisanderie, à madame de Montlevaux .	34 arp.	73 p.		
La ferme du Vesinet et terres environnantes. .	256	72	399	46
Les terres, prés du chemin de Sartrouville . . .	108			
Il devrait rester			865	17

D'après le nouveau plan la superficie			
est en bois de	982	05	987 arp. 05 p.
Bâtiments	5		
Différence en plus.			121 88

La fête patronale de Chatou a lieu le 15 aout.

CHASSE.

Nous avons cru devoir écrire un chapitre spécial sur ce sujet et faire connaître le régime des chasses d'autrefois et ce qu'un amateur de chasse peut trouver de gibier aujourd'hui sur le territoire de cette commune et celles environnantes.

La forêt du Vesinet, qui dépend du domaine de la couronne, est peuplée de lièvres, lapins, faisans et perdrix grises, la chasse en a été affermée depuis 1848, à divers particuliers.

Au temps d'Henri IV la forêt du Vesinet s'étendait sur la plaine entre Chatou et Croissy, jusqu'à la rivière, on voit encore sur l'avenue de Croissy une petite maisonnette qui servait de rendez-vous de chasse à ce prince. Elle a appartenu depuis au marquis d'Aligre qui l'avait fait restaurer. La faisanderie dont nous avons parlé et dont le nom indique suffisamment la destination, servait aussi de repos de chasse à nos anciens rois.

A cette époque les lois qui régissaient la chasse étaient d'une excessive sévérité pour ne rien dire de plus. On peut en juger par les extraits suivants :

L'ordonnance de 1601 quoique signée par le bon Henri IV et modifiée plus tard par celle de 1669 contenait des dispositions dont on ne peut comprendre aujourd'hui la rigueur.

Art. XII. Ceux qui auront chassé aux cerfs, biches ou paons seront punis de 83 écus un tiers d'amende ; et aux sangliers et chevreuils de 41 deux tiers, s'ils ont de quoi payer ; sinon et en défaut de ce, seront battus de verge sous la custode jusqu'à effusion de sang.

Art. XIV. S'ils y retournent pour la tierce fois seront envoyés aux galères ou battus de verges et bannis perpétuellement de notre royaume et leurs biens confisqués, et s'ils étaient incorrigibles, obstinés et récidivants, seront punis du *dernier supplice*, s'il est ainsi trouvé raisonnable par les juges, qui feront le procès, à la conscience desquels nous avons permis d'en ordonner suivant l'exigence du cas.

Art. XVII. Ceux qui auront chassé aux menues bêtes et gibier seront condamnés pour la première fois en six écus deux tiers d'amende s'ils ont de quoi payer, sinon et en défaut demeureront un mois en prison au pain et à l'eau ; la seconde au double de ladite amende et en défaut de payer, seront battus de verges sous la *custode* et mis au carcan trois heures à jour et heures de marché ; à la tierce fois, outre les amendes, battus de verges autour des garennes, bois, buissons et autres lieux où ils auraient délinqués et bannis à 15 lieues à l'entour.

Louis XIV par l'art. 2 du titre 30 de l'ordonnance de 1669 a supprimé l'application de la peine de mort.

La loi du 30 avril 1790 a fait disparaître

toutes les peines afflictives et infamantes prononcées par l'ordonnance de 1669.

La loi du 3 mai 1844 qui nous régit prononce des amendes, la confiscation des armes et engins, et même la peine de l'emprisonnement.

On ne doit pas oublier que sous l'ancien régime il y avait une grande quantité de gibier et surtout dans l'étendue des domaines de nos rois qui étaient gardés avec le plus grand soin par les capitaines des chasses, conséquemment les délits étaient l'objet d'une répression très sévère. Il y avait alors dans nos environs des espèces de gibier qu'on n'y trouve plus et qui ont fui dans des endroits plus éloignés. Les sangliers, les biches, les chevreuils sont encore renfermés dans les parcs et les forêts entourées de murs, mais on n'en voit plus dans les bois ouverts. On a dit que du temps de Louis XIV il y avait des milans noirs. Le milan proprement dit ou le *milan royal* est un oiseau de proie, sa longueur est de 2 pieds 3 pouces y compris la queue, qui a presque 1 pied de long; ses ailes étendues présentent une envergure de 5 pieds. Il a le bec d'un pouce et demi de long, droit depuis sa base jusqu'au milieu, très crochu à sa pointe, qui est noire, d'un brun clair sur le reste et armé d'un croc un peu recourbé. Cet oiseau poltron n'a reçu le surnom de *royal* que parce que les princes se faisaient un plaisir de le faire poursuivre et combattre par des oiseaux plus courageux, tels que le faucon et l'épervier.

On voyait encore il y a 60 ans des courlis dans les bruyères à l'entrée du Vésinet. C'est un oiseau de la grosseur d'un chapon, qui se reconnaît facilement à son plumage qui est un mélange de gris et de blanc, comme celui de l'alouette, et à son bec un peu recourbé. Sa grosseur est celle d'un petit coq domestique et il pèse une livre un quart. Il a deux pieds de longueur et trois pieds et demie d'envergure, le bec d'au moins cinq pouces de long, grêle, arrondi, sillonné de rainures également courbées dans toute sa longueur, les jambes de trois pouces et demi de haut, le reste et le croupion d'un blanc pur ; la chair de cet oiseau était autrefois assez recherchée ; elle a autant de fumet que la perdrix.

Aujourd'hui on ne trouve plus que des lièvres, lapins, faisans, perdrix, cailles, grives, canards et autres oiseaux aquatiques.

Les environs de la forêt du Vésinet, à l'ouverture de la chasse, sont peuplés de quelques lièvres, lapins et perdrix ; on en trouve sur le terroir de Chatou, aux Landes, aux Champagnes et aux Larris, à Montesson, aux Terres-Neuves, à la Borde, au-dessus de Saint-Veulard et dans les remises de la Borde dont on a détruit une partie. Enfin un habile chasseur peut encore agréablement passer son temps dans le premier mois de la chasse.

Avant la révolution le comte d'Artois, depuis Charles X, venait très souvent prendre le plaisir de la chasse dans nos environs.

Des rabatteurs étendus en ligne, depuis le pont de Bezons jusqu'à la ferme de la Borde, battaient la plaine et les buissons et en rabattaient le gibier jusqu'au bois du Vésinet où le prince et ses amis en abattaient en quantité considérable.

Pendant l'hiver on peut chasser aux canards sur la Seine en longeant la rivière, notamment depuis le pont de Chatou jusqu'au pertuis de la Morue près Bezons. Les canards arrivent dans nos contrées à la fin de l'automne, aux premières gelées, et peuplent pendant l'hiver nos étangs et nos rivières. Il en reste des individus de quelques espèces que l'on peut chasser pendant toute l'année.

Dans les commencements de la gelée on peut se promener pendant toute la journée, mais surtout le matin et le soir dans la grande île de Chatou en ayant soin, lorsqu'on aperçoit les canards, de s'éloigner assez du bord de la rivière pour ensuite revenir sur eux à la faveur des berges, et les tirer d'assez près. On les trouve principalement au milieu de l'eau et le long des berges ; lorsqu'ils volent il faut se coucher à terre, car ces oiseaux font en l'air plusieurs circonvolutions pour voir s'il n'y a pas de danger, avant de s'abattre dans l'eau. on marche alors à pas de loups jusqu'au bord de la Seine pour les tirer ; voici quelques règles à observer pour cette chasse.

1° Comme les oiseaux aquatiques sont fournis de plumes nombreuses et élastiques, qui les garantissent mieux que ne le sont ordinairement les oiseaux de plaine, on ne doit pas les tirer à une aussi grande distance : ainsi la grande portée étant en plaine de quarante-cinq pas, elle doit être réduite dans la rivière à trente-cinq, et il faut de plus employer du plomb plus fort que celui dont on fait usage en plaine pour les oiseaux de même grosseur; la charge de poudre doit être aussi de 70 à 80 grains.

2° Lorsqu'on tire un oiseau sur l'eau, il faut ajuster de manière à ce que le dessous du corps de l'oiseau soit au niveau du point de mire; ainsi, pour un canard sauvage, on ajuste à environ deux lignes au-dessous de la partie du corps qui surnage. Pour les oiseaux dont le corps entre plus profondément, on se règle d'après leur conformation, en partant du principe ci-dessus ; quant aux oiseaux plongeurs, on doit tirer sur l'eau à 3 ou 4 pouces en avant du corps.

Il arrive le plus souvent qu'on les manque, surtout si l'on tire en tête, parce que l'oiseau plonge sur le coup ; mais comme il doit bientot reparaître à peu de distance pour prendre haleine, on se tient prêt, on saisit l'instant où sa tête se montre au-dessus de l'eau ; et si l'on est bon tireur, on l'atteint plus sûrement de ce second coup que du premier.

3° Si l'on chasse plusieurs ensemble, il ne faut pas perdre de vue que le plomb qui touche à fleur d'eau ricoche, ce qui devient dangereux si l'on tire précipitamment et sans calculer l'effet que peut produire le ricochet.

4° Pour plus de chance de tuer les canards, il faut des chasseurs qui soient placés sur les deux bords opposés de la rivière, l'un sert d'indicateur et lorsqu'il est vis-à-vis du canard, il s'arrête et fait signe à son camarade d'approcher, ce qui permet à celui-ci de se mettre en face et de tirer plus sûrement.

5° Il vaut mieux faire lever les canards et les tirer au vol, on est plus sur de les tuer raide, parce que le plomb les atteint lorsque les ailes sont déployées, tandis que sur l'eau, les plumes amortissent le coup et ils ne sont que bléssés, plongent et on a beaucoup de peine à les achever.

6° Il faut un chien bon nageur pour avoir un canard tué sur l'eau ; quand il n'est que blessé il faut bien se garder d'envoyer son chien, car alors le canard plonge, et ne reparaît qu'au bord opposé où il est difficile de l'atteindre ; alors on se cache, le canard revient toujours au bord où il y a des arbustes et roseaux, et c'est le moment de l'achever.

7° Les canards sont extrêmement défiants et ce n'est qu'avec les plus grandes précautions qu'on peut les approcher ; s'ils aperçoivent la moindre chose, ils s'envolent et vous manquez l'occasion de les tirer. Quand les rivières sont gelées entièrement, ils disparaissent jusqu'au dégel.

On peut encore s'amuser à tirer les alouettes en hiver, lorsqu'il y a un peu de neige sur la terre. Alors elles volent par grandes bandes, vont se remettre assez près lorsqu'on les fait partir, et, si on les poursuit, elles se laissent plus aisément approcher qu'en tout autre temps. On peut en tuer plusieurs d'un seul coup.

Aux termes de la dernière loi du 3 mai 1844, la chasse est défendue pendant la neige ; cependant il n'est pas inutile de rapporter l'arrêté du préfet de Seine-et-Oise, relatif à la chasse des oiseaux aquatiques ; on y trouvera des renseignements utiles pour éviter les contraventions.

ARRÊTÉ DU PRÉFET.

« Article 1er. — La chasse des oiseaux de passage, sur terre, ne sera permise, dans l'étendue du département de Seine-et-Oise, que pendant le temps où la chasse est ouverte ; elle ne pourra avoir lieu que pendant le jour et au moyen du fusil.

» Art. 2. — Les oiseaux de passage aquatiques pourront seuls être chassés en tout temps sur les étangs, fleuves et rivières, mais au fusil et en batelet seulement : tout fait de chasse sur les berges est expressément interdit.

» Art. 3. — Il est permis en tout temps, au propriétaire possesseur ou fermier, de tirer avec des armes à feu ou de prendre au piége sur ses terres ou récoltes seulement, les sangliers, loups, renards, fouines, blaireaux, chats sauvages, belettes et putois.

» Art. 4. Dans les conditions de l'article précédent, la destruction des moineaux, pies, geais, corbeaux, faucons et autres oiseaux de proie est autorisée à l'aide des piéges, même pendant le temps où la chasse est close.

» Art. 5. — La destruction des lapins est également autorisée pendant le temps où la chasse est prohibée, et même en temps de neige, mais seulement à l'aide de furets et de bourses.

» Art. 6. Il est formellement interdit de

faire usage de panneaux et filets de toute espèce, d'appeaux, appelants et chanterelles, de lacets, collets et autres engins analogues. Le miroir qu'on est dans l'habitude d'employer pour tirer les alouettes n'est pas considéré comme engin prohibé.

» Art. 7. — La chasse est expressément interdite lorsque la terre est couverte de neige.

» Néanmoins, cette disposition n'est pas applicable à la chasse du gibier d'eau dans les marais, sur les étangs, canaux, fleuves et rivières, ni à la destruction des animaux malfaisans ou nuisibles.

» Art. 8. — Nul ne pourra se livrer à la chasse des oiseaux de passage et du gibier d'eau sans être muni d'un permis de chasse tenu conformément aux prescriptions de la loi.

» Le propriétaire, possesseur ou fermier n'aura pas besoin de ce permis pour repousser et détruire sur ses terres, même avec des armes à feu, les bêtes fauves qui porteraient dommage à ses propriétés.

» Art. 9. — Tout individu qui, sous prétexte de détruire des animaux nuisibles ou malfaisants, se livrerait à l'exercice de la chasse en temps prohibé ou sans être muni d'un permis de chasse, sera poursuivi conformément à la loi.

PÊCHE.

La pêche, moins noble et moins exercée que la chasse par les gens riches, mais non moins difficile et d'une utilité plus remarquable, surtout dans notre climat, offre ses jouissances à toutes les classes de la société, au pauvre comme au riche, et l'aspect du sang et de la douleur n'écarte point de cet exercice les femmes et les gens faibles et débiles. C'est encore parce que cet art n'est point sanguinaire qu'il est permis aux gens d'église, à qui la chasse est interdite.

La Seine renferme dans son sein une quantité innombrable de poissons de toutes sortes; la destruction et la consommation qui s'en font sont effrayantes, surtout pendant l'été, à

Chatou. Aussitôt le beau temps arrivé, une foule de Parisiens se rend à Chatou par le chemin de fer les samedis et dimanches, où depuis le matin jusqu'au soir on les voit garnissant les berges une ligne à la main.

Le pêcheur à la ligne, dont le type est bien connu, et sur lequel on a débité tant de plaisanteries, et qui, dit-on, *commence par un hameçon et finit par un imbécille*, reste quelquefois des journées entières au même endroit, immobile et l'œil fixé sur la surface des eaux, la valise et le parapluie en sautoir sur le dos, le chapeau de paille et la blouse classique. L'arsenal dont il doit être muni est curieux; le voici : 1° des lignes de crin et de soie; 2° des brins ou hameçons simples et doubles empilés sur crin, sur boyaux de vers-à-soie; 3° d'une sonde en plomb pour connaître la profondeur de l'eau; 4° de flottes et bouchons de diverses grosseurs; 5° des émérillons assortis; 6° d'un plioir; 7° d'un anneau en cuivre pour décrocher la ligne; 8° d'une épincette; 9° des moulinets pour la ligne courante; 10° du crin de cheval et des boyaux pour remplacer ceux qui viennent à manquer ou à se rompre; 11° d'un harpon à grappin; 12° de plombs fondus de différentes grosseurs et de pinces pour les attacher sur la ligne; 13° de plumes coloriées pour coulants; 14° d'une boîte en ferblanc pour renfermer les vers de terre; 15° d'un sac de toile pour les asticots; 16° d'une poche en filet pour conserver le poisson vivant; 17° d'un portefeuille de mouches artificielles; 18° d'une boîte pour les hameçons et les lignes. Enfin, le pêcheur doit avoir constamment sur lui une paire de ciseaux, un canif, un couteau, de la cire, de la ficelle et de la soie, et cela pour pouvoir racommoder, au besoin, tout ou partie de ses instruments.

Le droit de pêche est affermé par cantonnements, à différents pêcheurs, au profit de l'État. Chaque pêcheur a droit d'avoir un bateau et un compagnon. La pêche se fait aux filets et aux nasses; mais on emploie, contrairement aux réglements, un filet appelé *cli-*

quettes, avec lequel on prend des quantités considérables de poissons.

Un amateur peut obtenir une licence, moyennant une faible redevance, pour pêcher avec un bateau. On peut prendre toute sorte de poissons, excepté la truite, dont la race paraît perdue dans notre rivière.

EPOQUE RÉVOLUTIONNAIRE.

On aurait pu trouver de curieux détails sur les événements qui se sont passés à Chatou pendant la Révolution de 89, mais tous les registres de la municipalité, où ils pouvaient être inscrits, ont été anéantis : une main amie des révolutionnaires de la commune a cru devoir les faire disparaître, sans doute dans le but d'effacer autant que possible de pénibles souvenirs sur une époque pleine de crimes et d'infamies, et sans doute aussi dans le but principal de ne pas laisser l'opinion publique poursuivre, dans les descendants, les erreurs ou les crimes de leurs pères. Temps désastreux et d'horrible mémoire, où il suffisait du moindre prétexte pour conduire à l'échafaud d'innocentes victimes. Alors, comme aujourd'hui, il suffisait d'être ce qu'on appelait riche pour que le moindre soupçon devînt funeste à cette classe de citoyens. La commune de Chatou ne fut pas malheureusement exempte de cette fureur démagogique.

Nous n'entrerons dans aucun détail à ce sujet; nous dirons seulement que madame de Feuquières (1), que le conseil municipal de Montesson qualifie si grossièrement, a été dénoncée à Chatou, enlevée de son château, et mourut à Paris sur l'échafaud révolutionnaire. Il en fut de même de M. Boismaigre, curé de Chatou, Madame de Crussol et M. de Sourdeval, qui habitaient la maison du chancelier Maupeou, furent aussi guillotinés révolutionnairement. Ce sont les seules victimes que l'on compte dans cette commune.

On raconte que madame de Feuquières avait demandé qu'un *mai* fût planté à la porte de

(1) Cette dame était fille du peintre Mignard.

son château ; des étourdis dirent qu'elle demandait la tête du maire, et cette odieuse interprétation fut le prétexte de sa perte.

JOURNÉE DU 26 FÉVRIER 1848.

Nous sommes arrivés à une époque désastreuse que nous ne pouvons passer sous silence. Comme ces événements sont encore trop près de nous, qu'ils renouvellent des scènes douloureuses et qu'ils peuvent réveiller des haines politiques non encore éteintes, nous avons eu soin de n'écrire notre récit que sur des pièces authentiques.

Une révolution venait d'éclater à Paris; Louis-Philippe avait été précipité du trône sans résistance. A neuf heures du matin, le pont de bois de la station de Rueil commence à être saccagé et brûlé. On fait battre la générale à Chatou vers dix heures; les chefs de la garde nationale et des pompiers ne se présentent pas ou refusent de prendre les armes; sept hommes mal armés seulement se réunissent et courent sur les ponts du chemin de fer de Chatou. On parlemente avec les insurgés, et je donne le rapport officiel qui a été envoyé au ministre de l'intérieur par l'autorité municipale de Chatou :

« Monsieur le Ministre,

» Voici la relation des événements qui se sont passés dans la commune de Chatou dans la journée du 26 février 1848.

» Dès le lendemain, on apprit qu'on devait détruire et brûler le chemin de fer de Saint-Germain à la station de Chatou. En effet, vers neuf heures du matin, une bande d'incendiaires et de dévastateurs mettait le feu à la station de Rueil. A cette nouvelle, le rappel battit dans la commune de Chatou ; mais cinq à six gardes nationaux se présentèrent mal armés : les autres, frappés de crainte, ne se présentèrent pas ; au contraire, par leurs discours en dehors de la réunion, ils prétendaient que cette démarche était imprudente, et qu'elle devait attirer sur la commune la dévastation et le pillage en cas de non réussite. Néanmoins, ce petit nombre de gardes nationaux, ayant à leur tête le capitaine-rapporteur et l'adjoint du maire, marcha au-devant des incendiaires et les attendit sur le deuxième pont du chemin de fer. Ils réussirent à repousser ces malfaiteurs jusqu'à la station de Rueil. Une seconde attaque de la part de ces incendiaires, revenus au pont en plus grand nombre, eut le même sort. La petite troupe était maîtresse de la position ; mais au même moment, et derrière elle, une autre bande de mauvais sujets saccageait les bâtiments de la station de Chatou et les machines du chemin de fer atmosphérique. Force fut donc aux gardes nationaux de se retirer. Aussitôt, la bande de la station de Rueil revint et mit le feu au deuxième pont. Ces événements avaient duré deux heures, pendant lesquelles les assaillants avaient été contenus.

Vers une heure, on vit arriver de Rueil un détachement de garde nationale ayant en tête le capitaine-rapporteur. En un instant la garde nationale de Chatou, ayant repris courage, courut aux armes : elle atteignit les incendiaires aux environs de la station, en arrêta une vingtaine et poursuivit les autres dans toutes les directions ; ce fut une déroute générale. Vers cinq heures, un détachement du 3e dragons, commandé par M. de Pons, sous-lieutenant, arriva de Saint-Germain, et compléta la sécurité de la commune, qui avait été menacée d'être pillée et brûlée à cause de la résistance de sa petite troupe.

Ce coup hardi a préservé de la destruction le reste de la ligne jusqu'à Saint-Germain (1).

Pour compléter la relation, je dirai ce qui suit : Amoult dit *Tutu*, l'un des insurgés avait arboré un drapeau rouge au bout d'une perche, et il le tint planté sur le pont pendant tout le temps de la bagarre, et déjà reparaissait après 55 ans d'oubli et l'on revoyait avec

(1) Les citoyens qui m'accompagnaient étaient : MM. Philippe Tranquard, adjoint, Bidard, lieutenant, Mérard, Desormaux, Désiré Tranquard, Oscar Chatenay, Baucheron, Guillaumerot, gardes nationaux, au courage desquels je dois rendre justice.

étonnement le drapeau de la révolte et des malfaiteurs.

Revenu à la mairie de Chatou vers midi, je reçois l'avis confidentiel par des voyageurs qui arrivaient du pont de Rueil, que les insurgés complotaient, après leur œuvre de destruction achevée, de piller et brûler la commune de Chatou et de massacrer les défenseurs du chemin de fer, et notamment le capitaine qui y commandait.

Cette menace dans un pareil moment pouvait être considérée comme sérieuse, car lorsque ces individus n'eussent eu plus rien à détruire à la station, ils devaient naturellement exercer leur vengeance contre la commune qui avait montré de la résistance et qui avait fait avorter leurs projets. Les courageux citoyens qui m'avaient accompagné devaient être avec leur chef leurs premières victimes.

Le moment était décisif et le péril imminent, il fallait essayer d'en sortir par une résistance désespérée ; je descendis sur la place de l'église, là je trouvai un officier en bourgeois, je lui fis part, ainsi qu'à un groupe qui nous entourait, des nouvelles alarmantes qui m'étaient parvenues; la terreur était peinte sur les visages, on n'était que trop certain du sort qui nous attendait. Je leur dis qu'il n'y avait pas à hésiter et qu'il fallait prendre les armes, que la commune était compromise et qu'il fallait se défendre, j'indiquai même les moyens de résister et les points par où nous serions attaqués, c'est-à-dire par le pont de Chatou et la rue de Croissy, toutes deux faciles à garder.

L'officier sur lequel je comptais pour me seconder, répondit que j'avais eu tort de résister, et que si nous avions fait comme les autres communes qui avaient laissé brûler leurs stations, on ne nous menacerait pas. Après un pareil langage mon espoir fut déçu de ce côté, j'en essayai d'un autre, je fis appeler le tambour et lui fis publier sur toutes les places et carrefours la pièce suivante :

« Les habitants de Chatou sont prévenus que des malfaiteurs ont menacé de piller et

» brûler ce soir la commune, ils sont expres-
» sément invités à se réunir en armes à la
» mairie pour aviser aux moyens de défense et
» prévenir ces malheurs.

« Chatou, ce 26 février 1848, »

Signé BORNOT,
Capitaine et Conseiller municipal.

Cette publication demeura sans résultat. Cependant la situation empirait de plus en plus, une résistance en masse, seule efficace, paraissait repoussée; attendrait-on pour se défendre qu'il y eût quelque victime, l'exaspération ne serait-elle venue qu'alors qu'on aurait eu sous les yeux la besogne des malfaiteurs? Quelques habitants en effet disaient que s'ils étaient attaqués chez eux, ils se défendraient! Ils ne savaient pas qu'un premier succès aurait amené à Chatou un nombre infini d'insurgés et qu'alors la défense eût été impossible.

Cependant cette situation ne devait pas durer longtemps, au moment le plus désespéré où tous mes moyens de persuasion avaient échoué, je vis l'adjoint accourir près de moi et me dire que la garde nationale de Rueil s'était enfin ébranlée et qu'elle s'avançait dans la plaine. En même temps j'envoyai au colonel du 3me dragons à Saint-Germain, une dépêche ainsi conçue : Colonel, la commune de de Chatou va être pillée ; envoyez-nous 50 dragons ; signé : BORNOT. Et au gouvernement provisoire à Paris une demande de 100 hommes. M. Desormeaux s'élança dans un cabriolet et après bien des difficultés parvint au général Courtais qui lui dit qu'il ne pouvait envoyer personne attendu l'insuffisance de ses forces.

LE PROCÈS.

Après l'arrestation des coupables, le procès fut instruit avec célérité, ils comparurent tous devant la cour d'assise de la Seine le 12 avril 1848. Voici la relation de l'acte d'accusation et de l'arrêt rendu contre eux : (1)

(1) Extrait de la *Gazette des Tribunaux*.

Le 26 février dernier, dès la pointe du jour, le chef de la station de Rueil, sur le chemin de fer de Paris à Saint-Germain, fut prévenu que cette station allait sans doute être dévastée, comme l'avait été la veille d'autres stations de la ligne.

Il prit aussitôt les mesures nécessaires pour sauver son mobilier ; mais bientôt arrivèrent plusieurs individus qui dirent qu'ils venaient pour détruire la voie. Le déménagement du chef de station ne se faisant pas assez vite à leur gré, ils aidèrent à transporter les meubles et autres effets lui appartenant, qui, jetés pêle-mêle et sans précautions, furent en partie brisés ou détériorés. Plusieurs objets même disparurent. De son côté, le piqueur de la station s'empressait de retirer les chevaux de l'écurie, et des chambres de service, l'avoine, la paille, les harnais, tout ce qui, en un mot, était susceptible d'être sauvé. Mais les dévastateurs, impatients de leur œuvre de destruction, commencèrent à casser les carreaux des fenêtres, à briser les portes, à démolir les cloisons. En un instant ce bâtiment, quoique très vaste et composé de plusieurs étages, ne fut qu'un monceau de ruines. Un double foyer d'incendie fut préparé : l'un sous la pièce d'attente qui se trouve au niveau de la voie de fer, et l'autre dans une cour située derrière les bâtiments en contrebas de la voie. Le feu fut d'abord mis aux banquettes amoncelées dans la salle d'attente, au moyen d'alumettes chimiques réclamées d'autorité chez un marchand de vins voisin de la station, et les banquettes enflammées étaient ensuite jetées par les fénêtres dans la cour, où se trouvait le second foyer d'incendie. Le feu était alimenté avec des livres, des registres, des roues de voiture, des débris de boiserie, etc. Tel était l'acharnement des dévastateurs contre tout ce qui appartenait à la compagnie, que l'un des accusés, le nommé Mauger dit *Cartouche*, qui s'est signalé par l'action qu'il mettait à la destruction, éventrait avec son couteau les sacs d'avoine qu'on emportait sur le dos pour les sauver du pillage ; en arrachait les *hayms* de la voiture dans laquelle on les transportait, afin qu'elles se répandissent sur la voie. Le pillage se mêlait à la dévastation : on avait enfoncé la porte de la cave à l'aide d'un timon de voiture dont on s'était servi comme d'un bélier ; il s'y trouvait une feuillette de vin entamée qui fut transportée dans la cour, et chacun vint y boire : le vin en bouteille ne fut pas plus épargné.

La station de Rueil pillée, détruite et incendiée, la bande de malfaiteurs, aux cris de l'accusé Coupart, qui, armé d'un sabre, en avait pris la direction, se porta vers le pont du chemin de fer appelé le second pont de Chatou. Quelques hommes se détachèrent et furent en avant. Les abords du pont étaient gardés par une douzaine de gardes nationaux qui avaient suivi M. Tranquard, adjoint remplissant par intérim les fonctions de maire de Chatou. Dès le matin M. Tranquard, au courage et à l'énergie duquel nous nous plaisons à rendre ici pleine justice, avait cherché, mais en vain, à réunir la garde nationale. Quelques citoyens dévoués s'étaient rendus seuls à l'appel de ce magistrat. On parlementa quelque temps avec les individus qui formaient l'avant-garde de la bande. Ils annonçaient qu'ils venaient pour incendier le pont. On n'était point en force pour leur résister, soutenus qu'ils étaient par le gros de la troupe qui s'avançait. On transigea donc avec eux; on exigea qu'ils promissent de ne point incendier, et on les laissa s'essayer à arracher les rails. L'accusé Cosson, qui tenait à la main une torche à incendie, pour montrer que la promesse était sincère, jeta cette torche dans la rivière. Mais les malfaiteurs inexpérimentés, et qui n'avaient d'autres outils que des barres de fer, s'épuisaient en effors impuissants pour arracher les rails.

Fatigués bientôt de ce travail stérile, ils retournèrent au-devant de leurs camarades, qui arrivèrent en masse quelques instants après, et se mirent à démolir les parapets, à renverser les pierres dans la rivière, à briser les bois et à tordre les liens de fer qui reliaient entre elles les différentes parties du pont. Puis la foule s'animant à la destruction, on parla de nouveau de mettre le feu au pont pour en finir plus vite, et des fagots furent amoncelés sous deux arches. Les gardes nationaux étaient en trop petit nombre pour empêcher la réalisation de cette menace. L'un d'eux, pour faire diversion aux idées des incendiaires, proposa d'aller boire. La proposition fut bientôt accueillie, et la plupart se laissèrent entraîner. Quelques-uns, cependant, ne voulurent pas lâcher prise. Parmi ceux-ci, l'accusé Constantin, dit *Toupet*, l'un des plus acharnés travailleurs, dit, avec une brutale énergie, « *qu'il ne se laisserait pas prendre par la gueule.* » Ceux des malfaiteurs qui étaient restés sur le pont profitèrent de l'absence des gardes nationaux pour y mettre le feu. Ceux qui s'étaient laissés entraîner au cabaret vinrent ensuite rejoindre leurs camarades, et la bande se porta aux bâtiments des machines du chemin de fer atmosphérique et à ceux de la station de Chatou. Aux bâtiments des machines, tous les carreaux des portes et des fenêtres ont été brisés, les châssis cassés ou tordus. Si les portes et les fenêtres elles-mêmes n'ont pas été brisées, c'est qu'elles sont en fer. Les machines n'ont dû leur salut qu'à leur masse, que ne pouvaient entamer les outils des démolisseurs. Mais les robinets en cuivre et les tuyaux des conduits n'ont pas été épargnés.

» Aux bâtiments de la station, la dévastation a été plus complète ; les dégâts sont aussi grands que si le feu y eût été mis. La tente, dite *Marquise*, qui fait face au bâtiment, a été entièrement détruite ; les colonnes sur lesquelles elle reposait ont été sciées ou coupées à coups de hache.

» Cependant, à la lueur des flammes que projetait au loin l'incendie du pont de Chatou, les habitants de Rueil s'émurent ; la générale battit, et la garde nationale de Rueil, grossie de celle de Chatou, arriva sur les lieux avec les pompes. On ne put sauver que la seconde arche du pont ; la première brûlait depuis trop longtemps pour que les secours fussent efficaces : elle s'abîma et disparut avec ses piliers dans la rivière. La seconde porte encore des traces visibles du feu qui l'aurait dévorée sans les secours inattendus, quoique bien tardifs, qui la préservèrent. Le dommage causé à la compagnie, aux deux stations de Rueil et Chatou, est évalué à la somme de 105,000 fr. De nombreuses arrestations furent opérées par la garde nationale sur le théâtre même du crime; mais comme les accusés avaient tous un domicile connu, la plupart furent relâchés ; sept seulement furent maintenus en état d'arrestation. De ce nombre étaient les nommés Arnoult, Baudemont, Bonnet, Gérard et Jacquet.

» Les auteurs de ces désordres ne sont pas les vainqueurs des barricades que l'ivresse du triomphe aurait conduit à de tristes excès; non, le peuple de Paris n'a pas souillé sa victoire en s'attaquant à la propriété privée (1). Les

(1) Le magistrat qui parlait ainsi des vainqueurs des barricades était sous la pression des événements révolu-

coupables appartiennent tous à la banlieue, aux villages autrefois traversés par les grandes routes. Ce sont des cultivateurs, des petits commerçants, aisés pour la plupart, auxquels se sont mêlés quelques mauvais sujets qu'on rencontre partout où il y a du mal à faire, et qui n'ont pas voulu laisser échapper une si belle occasion. Ils ont été favorisés, il faut en convenir, par l'égoïsme ou par la peur des gens bien intentionnés, qui ont trop vite oublié que les citoyens sont solidaires les uns des autres.

» Il y a eu pourtant d'honorables exceptions; et ceux-là même qui, dans la circonstance, ont manqué de résolution, doivent encore être excusés à raison des événements qui venaient de se passer et sous l'empire desquels ils étaient placés.

» Il faut dire maintenant la part que chacun des accusés a prise dans les faits sus-énoncés. Ces faits forment neuf chefs d'accusation. Les

tionnaires. Ces *barricadeurs,* la suite l'a bien prouvé, n'étaient que des pillards et des assassins!

trois premiers sont relatifs aux dévastations, pillages et incendies commis dans les bâtiments de la station de Rueil et leurs dépendances.

» Sont accusés de ces dévastations, pillages et incendies, comme auteurs ou complices, Arnoult dit *Tutu*, Barreau, Beaudemont, Bonnet dit *Dragon*, Coupart, Geannerat, Gérard, Jacquet, Laine, Mauger dit *Cartouche* et Mariotte.

» Arnoult a été vu détruisant des parapets, des grillages en fer, démolissant des toitures du hangar et de la salle d'attente.

» Barreau est indiqué comme ayant mis le feu à l'escalier de la station.

» Beaudemont, reconnu par plusieurs témoins, avoue avoir jeté du bois dans le feu.

» Bonnet, arrivé des premiers, était de ceux qui aidaient le chef de station à déménager; c'est lui qui est allé à la buvette du chemin de fer demander du feu sous prétexte d'allumer sa pipe, et on l'a vu mettre le feu aux roues de relai. Comme on lui faisait observer, au moment où il allait mettre le feu à l'écurie, qu'il devait attendre au moins que tout fût enlevé : « *Autant que tout brûle*, » répondit-il. On l'a vu encore accroupi sous la feuillette à laquelle chacun venait boire à son tour.

» Coupart avoue avoir dévasté comme les autres, et bu du vin à la station ; mais il proteste n'avoir pas incendié. Il cite, comme un trait honorable pour lui, sa lutte avec Mauger, dit Cartouche, qui emportait dans son mouchoir des clous trouvés dans l'écurie, et à qui il disait qu'on devait détruire, mais non pas voler.

» Geannerat jetait des treillages dans le feu ; il avoue le fait, mais il prétend y avoir été contraint.

» Gérard a été remarqué par plusieurs témoins parmi les dévastateurs. Il fut trouvé nanti, lors de son arrestation, d'une serrure qu'il avoue avoir prise à la station de Rueil, mais sans intention de se l'approprier.

» Jacquet a été vu jetant dans le feu le mobilier de la station. Il portait un chapeau orné de rubans qui l'a fait reconnaître de tous les témoins.

» Laine prétend avoir été poussé à jeter des treillages dans le foyer d'incendie.

» Mauger, qui est un maraudeur d'habitude et qui a déjà subi plusieurs condamnations, a été signalé comme un des plus ardents au pillage et à la dévastation. C'est lui, ainsi qu'on l'a déjà dit, qui éventrait avec son couteau les sacs d'avoine qu'on cherchait à sauver, et qui eut une lutte avec Coupart à l'occasion des clous qu'il emportait. Il menaçait Saunois, le piqueur de la station, de le tuer. On l'a vu casser la rampe d'un escalier en bois. Il se vantait le lendemain d'avoir mis le feu à la station, et disait qu'il recevait pour cela deux francs par jour de M. Pereire, propos aussi invraisemblable qu'il est odieux.

» Mariotte, auquel le témoin Beauvais faisait quelques représentations au sujet de l'avoine, répondit qu'il fallait brûler tout ce qui appartenait à la compagnie du chemin de fer.

» Les quatrième et cinquième chefs son

relatifs à la destruction et à l'incendie du pont de Chatou. Sont accusés d'y avoir pris part, soit comme auteurs, soit comme complices : Arnoult, Bonnet, Cartigny père et fils, Constantin dit Toupet, Coupart, Descaves, Geannerat, Gérard, Gros, Jacquet, Laine, Marquet, Mauger et Subtil.

» Cosson se trouve impliqué dans le fait de dévastation seulement.

» Arnoult a porté des fagots sous les cintres du pont, et y a mis le feu à l'aide d'allumettes chimiques.

» Bonnet était un des principaux malfaiteurs ; il a été reconnu par un grand nombre de personnes dont le témoignage doit prévaloir sur ses dénégations. L'adjoint au maire de Chatou l'a signalé comme étant en tête de la bande. Laine, son co-accusé, déclare qu'il était armé d'une barre de fer, et que c'était lui qui criait avec Coupart; à la station de Rueil, qu'il fallait aller brûler le pont de Chatou.

» Cartigny père est signalé par un témoin

comme ayant été prendre de la paille dans une boîte de lessiveuse pour mettre le feu au pont.

Cartigny fils reçut la paille de son père et la porta sur le pont. Il avoue lui-même avoir descellé avec une barre de fer, dont il était armé, une pierre du parapet du pont. Cette barre lui fut ôtée des mains par un garde national.

Constantin, dit Toupet, avait dans ses mains une herminette, outil de charpentier; on le vit aussi avec une barre de fer, dont il menaça même l'adjoint, M. Tranquard. Il était, dit ce témoin, un des plus acharnés à la besogne.

Arnoult, son co-accusé, le signale avec plusieurs témoins comme ayant mis le feu au pont. Constantin avoue avoir jeté des fagots dans le feu, mais ne convient pas de l'avoir allumé. Cette distinction est peu importante.

Cosson faisait partie de l'avant-garde détachée de Rueil par la bande vers le pont de Chatou. Il se montra docile aux observations des gardes nationaux qui voulaient lui faire promettre de ne pas incendier, et jeta, comme nous l'avons dit, sa torche dans l'eau. Il prit même un fusil et monta la garde avec eux. Plusieurs témoins ont déposé des bonnes intentions apparentes de cet accusé. Mais elles étaient mensongères, car on l'a vu travailler comme les autres à la démolition du pont.

Coupart était en tête des travailleurs; il portait un sabre et avait l'air de commander; on l'appelait le capitaine. Il menaçait de sa barre de fer ceux qui ne travaillaient pas. C'était lui qui, à la station de Rueil, avait dit avec Bonnet : « Allons brûler le pont de Chatou. » En arrivant sur le pont, il avait crié aux gardes nationaux, en brandissant son sabre : « Vous allez nous laisser passer ou à l'eau ! » (1).

Descaves est entré chez le marchand de vin voisin du pont, demandant de la paille pour

(1) Cet individu était tout près de moi, et je lui répondis : « Vous ne passerez pas et vous ne brûlerez pas le pont ou sinon... » La pointe de mon sabre était dirigée contre sa poitrine.

incendier le pont. L'accusé nie avoir mis le feu ; il prétend que l'opinion publique s'est trompée sur son compte, et qu'il a failli être victime de cette fatale méprise, puisqu'on a voulu le jeter à l'eau ; mais il avoue avoir donné cinq ou six coups de pince dans une pierre du parapet.

Geannerat est indiqué par l'adjoint de Chatou, M. Tranquard, comme étant au nombre des démolisseurs. Gérard est pareillement signalé par M. Tranquard et par d'autres témoins. L'un d'eux, le nommé Papillon, lui a même arraché une barre de fer dont il se servait pour démolir. Gros est aussi noté comme un des plus ardents ; Cosson même le désigne. L'accusé avoue d'ailleurs avoir aidé à renverser une pierre du parapet, mais il prétend avoir été contraint. Jacquet, si reconnaissable à son chapeau, a été reconnu par M. Tranquard en tête de la bande qui faisait irruption sur le pont. Laine avoue avoir jeté une pierre du parapet à l'eau. Marquet a été reconnu sur le pont par plusieurs témoins, et leur témoignage ne peut être infirmé par ses dénégations. Mauger a été vu partout : au pont de Chatou et à la station de Rueil. C'était, dit un témoin, le plus fort travailleur. Subtil est indiqué par la femme Jamot, la marchande de vins, comme étant allé prendre derrière la maison une botte de liens de trains de rivière pour mettre le feu à la seconde arche du pont. Subtil avoue seulement avoir démoli.

Les sixième et septième chefs s'appliquent à la dévastation des bâtiments du chemin de fer atmosphérique, ainsi qu'à la dévastation et au pillage des bâtiments de la station de Chatou. Les mêmes individus qui ont démoli et incendié le pont ont continué leur œuvre de dévastation dans les bâtiments des machines et dans ceux de la station. L'information a fourni contre eux les mêmes charges. A l'égard de la tentative de déraillement sur le pont de Chatou qui fait l'objet du troisième chef, elle est l'œuvre spéciale des six individus qui avaient devancé le gros de la bande, et à qui les gardes nationaux, par voie de composition, avaient permis d'arracher les rails, pourvu qu'ils n'incendiassent pas. Ce sont les accusés Constantin, Cosson, Descaves, Jacquet, Mauger et Subtil. Constantin avoue avoir cherché à arracher les rails avec son herminette; Cosson et Subtil font les mêmes aveux. Aucun doute ne peut s'élever sur la coopération des trois autres, puisqu'ils faisaient partie des six et qu'ils agissaient sous les yeux et presque du consentement de la garde nationale.

Le neuvième et dernier chef concerne l'accusé Jacquet seul. C'est un délit de rébellion qui lui est imputé. Jacquet opposa la plus vive résistance aux gardes nationaux qui voulaient procéder à son arrestation. Et avisant une voiture qui paraissait au moment même sur la route, se dirigeant vers Saint-Germain, il cria à l'une des personnes qui se trouvaient dans cette voiture et qu'il reconnut sans doute : « Dis aux camarades qu'ils s'empressent de venir me délivrer. — Sois tranquille! lui répondit-on. » Alors se retournant vers les gardes nationaux : « Si dans deux heures, leur dit-il, je suis encore prisonnier, vous verrez comme ça chauffera. » Lorsque Jacquet fut arrêté, on eut grand'peine à le défendre contre l'exaspération publique qui le signalait comme l'un des plus ardents dévastateurs.

M. Tranquard, adjoint au maire de Chatou, a déposé : Quand je vis les dégâts qui se commettaient, j'allai trouver le capitaine de la garde nationale, et je lui dis de rassembler des hommes pour s'opposer aux dévastations. Il s'y refusa formellement. Je me mis alors, moi, à rassembler des gardes nationaux, et j'en eus bientôt une douzaine de bonne volonté, avec lesquels j'ai empêché le mal de s'aggraver. Je mis mon écharpe et je m'approchai des malfaiteurs. Je leur dis : Où allez-vous ? — Mettre le feu, me dirent-ils. — Où ? Au pont de Chatou. — Mais vous n'avez pas d'ordre du gouvernement provisoire, bien sûr ! — C'est égal, dirent-ils, nous y allons tout de même. Je les haranguai de mon mieux et ils parurent se calmer. Il y en eut un qui me dit : « Toi, mon vieux, tu as l'air d'un brave, c'est entendu, nous ne mettrons pas le feu, mais il faut au moins que nous démolissions une arche. »

Quand je vis que je ne pouvais pas, avec le petit nombre d'hommes que j'avais, empêcher le mal que ces bandits voulaient faire, je me retirai et je fis battre la générale. Si la garde nationale eût marché d'abord, il ne serait rien arrivé.

M. le président. La garde nationale de Chatou a complètement manqué à ses devoirs en manquant de courage dans un semblable moment. Si elle se fût seulement montrée, cela eût suffi pour faire rentrer les agitateurs dans l'ordre (1).

Le témoin. J'en suis bien couvaincu.

M. le président. Quant à vous, monsieur Tranquard, vous avez fait votre devoir de

(1) Le 24 juin 1848, la garde nationale de Chatou tout entière a été combattre l'insurrection de Paris. (*Note de l'auteur*).

bon citoyen, et je dois vous en louer publiquement.

Le témoin. Mon Dieu! monsieur le président, je n'ai pas grand mérite à cela ; j'ai fait mon devoir, voilà tout.

M. le président. Oui ; mais il est des circonstances où il est bien difficile de faire son devoir, et vous avez fait le vôtre dans un bien pénible moment.

Un juré. Monsieur le président, est-ce qu'il ne serait pas possible d'entendre le capitaine qui a ainsi refusé de marcher?

M. le président. Il n'est pas témoin dans l'affaire ; nous ne pouvons l'entendre. Il suffira du jugement porté sur sa conduite par l'opinion publique.

M. Tranquard rend compte avec beaucoup de modestie de ses efforts pour empêcher la dévastation, et du concours que lui a prêté M. Bornot, capitaine d'état-major de la garde nationale.

M. le président. Il est fâcheux que la garde nationale et les pompiers de Chatou n'aient pas tous secondé votre zèle, et que vous n'ayez pu réunir que douze hommes. Mais nous n'en rendons pas moins justice au courage dont vous avez fait preuve.

M. Bornot, ancien notaire et capitaine de la garde nationale de Chatou, rend compte des tentatives qu'il a faites avec le précédent témoin pour empêcher les dévastations et y mettre un terme. Il a saisi lui-même au collet un homme porteur d'une torche incendiaire très bien faite. Les dévastateurs disaient qu'il n'y avait plus de gouvernement, et que chacun pouvait faire ce qu'il voulait. Je cherchai en vain à leur ôter cette idée. Je dois dire que nous ne connaissions que fort imparfaitement les événements de Paris ; la poste ne marchait pas ; nous ne recevions ni lettre ni journaux.

M. le président. N'avez-vous pas eu connaissance de lettres mises à la poste et adressées à Villeneuve-Saint-Georges ?

M. Bornot. Oui, monsieur ; on a vérifié au bureau de la poste que plusieurs lettres avaient été jetées dans la boîte et adressées à des mariniers de Villeneuve Saint-Georges. Cela autorisait quelques soupçons sur un concert entre les mariniers des deux pays ; mais il ne nous était point permis d'ouvrir les lettres pour approfondir ce mystère.

M. le président. Quelle est la population de Chatou ?

M. Bornot. Elle est de 1,200 âmes ; on y compte 250 hommes de garde nationale. Malheureusement j'étais capitaine d'état-major et non capitaine-commandant, et je ne pouvais emmener avec moi que des hommes de bonne volonté.

Le 14 avril, Mauger a été condamné à cinq années de travaux forcés ;

Amoult et Constantin à cinq années de réclusion ;

Coupart et Jacquet à deux années de prison ;

Bonnet, Laine et Cartigny père à une année de prison.

Les autres ont été acquittés.

VISITE DE LOUIS-NAPOLÉON A CHATOU

Le 3 septembre 1850, ce prince en se rendant à Cherbourg devait passer par Chatou ; mais un malentendu regrettable a compromis la réception sympathique que Chatou et les communes environnantes préparaient au Président.

Par les soins du maire de Chatou, la garde nationale du pays, celle de Croissy, de Besons et des localités environnantes s'étaient rendues, drapeaux déployés et musique en tête, à l'endroit où devait passer le Président.

Une estrade placée au bout du pont avait été ornée de drapeaux et de feuillage et les gardes nationaux l'entouraient, rangés en bataille, attendant l'arrivée du Prince, et prêts à le saluer de leurs acclamations.

Malheureusement, une estafette apporte au maire la nouvelle que l'itinéraire avait été changé et que le Président se rendait par Rueil à Saint-Germain. Les autorités, les gardes nationales et les nombreux spectateurs accourus à Chatou se rendent immédiatement à Rueil, tandis que dans l'intervalle le Président arrive et traverse Chatou que la population venait d'abandonner.

On comprend le regret qu'a fait éprouver à tous ces braves gens un aussi triste désappointement. Au surplus, il n'a servi qu'à faire éclater davantage leur dévouement et leur respect pour la personne du Président. Ce dévouement leur paraissait même être la cause principale de leur disgrâce inattendue. On avait redouté, selon beaucoup d'entre eux, que l'expression de leurs vœux ne fût trop vive. On craignait, disaient-ils, qu'on ne criât trop : vive Napoléon ! mais, patience, on nous revaudra cela.

En effet, l'occasion ne se fit pas attendre.

Le 5 octobre 1850, le président se rendit au service funèbre qui se célèbre à Rueil tous les ans en mémoire de la reine Hortense.

A midi le président est monté à cheval pour se rendre à Chatou où il a passé en revue les gardes nationales de plusieurs communes.

Son départ de Rueil et son arrivée à Chatou ont été salués des cris de : Vive Napoléon ! Vive le président !

Beaucoup de personnes ont accompagné Louis Napoléon jusqu'à Chatou. Nous avons compté douze voitures derrière l'escorte.

A l'extrémité du pont de Chatou un arc-de-triomphe, très élégant avait été dressé. On lisait sur le fronton les mots de VIVE LE PRÉSIDENT tracé en lettres formées de dahlias, d'immortelles, de roses et d'autres fleurs. Les maisons étaient pavoisées. La revue de la garde nationale a duré un quart d'heure, le défilé s'est fait aux cris de : Vive Napoléon ! Immédiatement après le président s'est rendu à Saint-Cloud.

INSTALLATION D'UN MAIRE ET PLANTATION DE L'ARBRE DE LA LIBERTÉ.

Peu de jours après la proclamation de la République le commissaire du gouvernement fit installer un nouveau maire à Chatou ; à cet effet il délégua le juge de paix pour y procéder. Après des discours assez insignifiants par les lieux communs qu'ils reproduisaient comme de coutume, et l'accolade donnée et reçue de part et d'autre, le juge de paix ouvrit tout à coup une des croisées de la mairie et se mit à jeter trois formidables cris de : vive la République ! à la foule étonnée qui encombrait la place. Je crois même que le maire avec sa parole voilée, signala son dévouement à la République.

La plantation de l'arbre de la liberté se fit avec quelque solennité, les exaltés du pays appelèrent une douzaine de vauriens de Saint-Germain pour réchauffer le zèle des timides, des discours respirant le plus pur républicanisme, en apparence, furent prononcés avec emphase au pied de l'arbre, après quoi on en fit le tour plusieurs fois, imitant en cela les farandoles révolutionnaires.

Lorsque l'arbre de la liberté fut abattu à Chatou, on ne voyait là qu'un gandarme et le garde-champêtre. Ses braves défenseurs avaient disparu ; d'ailleurs les girouettes annonçaient que le vent était changé.

CROISSY-SUR-SEINE

Ce village, situé à un kilomètre au midi de Chatou, paraît être d'une origine aussi ancienne que cette dernière commune. Il existait au temps de l'invasion des Normands, car on lit dans les histoires de cette époque qu'un corps d'armée de ces peuples débouchait toujours par Pontoise en suivant les bords de la Seine jusqu'à Chatou et même au-delà, sans pénétrer dans les bois qui s'étendaient de Poissy au Pecq. Un autre corps partait de Mantes, longeait la rivière jusqu'à Ennemont et Saint-Léger, de manière que la forêt de Saint-Germain (Iveline) débordée à droite et à gauche, n'entendait pas retentir dans son sein, le cri de guerre des barbares.

Croissy était d'aillèurs un des lieux de leur

débarquement. Il avait été nommé *Mauport*, et l'on a vu que jusqu'en 1682 lors de l'établissement de la machine de Marly, il y avait encore près de la rivière un lieu ainsi nommé.

Cette commune, étant éloignée des grandes routes, a vu peu d'événements politiques dans son enceinte, sa notice historique ne sera pas longue et je ne puis mieux faire que de rapporter la relation qu'on en trouve dans l'histoire de Saint-Germain et environs déjà cités.

« Ce village, à une lieue un quart de Saint-Germain et à trois lieues et demie de Paris, remonte à une haute antiquité, et il est un des lieux où abordèrent les Normands dans le neuvième siècle.

Il fut pour cela nommé *Malus Portus*, port funeste, ou selon Duchesne, *Malport*. Les deux auteurs du Guide du voyageur et du promeneur aux environs de Paris, traduisent ce nom latin *Malus Portus* par malin portier. Bien trouvé !

L'église paroissiale est du treizième siècle et la tradition en attribue la fondation à la reine Blanche. Les reliques de saint Léonard qui y avaient été déposées et qui s'y trouvaient du temps de Philippe-le-Hardi, attiraient à Croissy un grand concours de pélerins, et saint Léonard déposséda saint Martin du patronage de la paroisse qui lui avait été attribué antérieurement. Les bâtiments de l'église qui menaçaient ruine au milieu du siècle dernier, furent consolidés par de fortes et nombreuses barres de fer. On voyait dans le fond deux statues qui à cette époque annonçaient bien 400 ans d'antiquité. Celle de droite représentait saint Léonard vêtu de la dalmatique, celle de gauche, saint Louis ; un crucifix peint par Vouet, décorait le maitre-autel, et un grand nombre de tableaux étaient suspendus aux murailles.

La cure, qui était à la collation de l'évêque de Paris, fut au commencement du dix-huitième siècle soumise au gouvernement des chanoines réguliers de saint Antoine. L'abbé de Vertot fut curé de Croissy en 1689 et y composa ses révolutions du Portugal. Aujourd'hui l'office divin s'y célèbre par un curé résidant.

Croissy fut complètement dépeuplé par les Normands et fut très lent à se rétablir. Il avait repris de l'importance au treizième siècle, mais incendié et détruit en 1346, il fut tellement abandonné qu'en 1470 on n'y comptait que deux habitants; dans le milieu du siècle dernier il s'en trouvait 153 et aujourd'hui leur nombre s'élève à 500 en y comprenant le hameau des Gabillons qui en est une dépendance.

Le village est dans une belle situation, sur la rive droite de la Seine, qui, au moyen d'un canal creusé et rendu navigable par Louis XIV, dans le temps de la construction de la machine de Marly, forme en cet endroit une grande île nommée *île de la Loge.*

Parmi plusieurs maisons élégantes, qui toutes possèdent des jardins qui leur donnent un charme de plus, on remarque le château, construit sur l'emplacement d'une habitation plus ancienne, vers 1760 ou 1770.

Le territoire de cette commune se compose de 500 arpents de terres labourables, prairies et jardins potagers. On n'y trouve aucune carrière et les habitants se livrent à la culture des légumes.

Croissy fut autrefois une propriété seigneuriale et laïque. Il ne s'y tient point de foire. La fête de saint Léonard, patron de la paroisse, se célèbre le 6 novembre.

Nous avons dit que les Gabillons étaient une dépendance de cette commune. Ce petit hameau, composé dans l'origine de trois maisons, appartenait à une famille appelée *Gabillon.* Suivant l'abbé Lebœuf, c'était un fief de la seigneurie de Croissy.

Ce village possède une école de charité qui est desservie par des religieuses et un hôpital qu'il doit à la munificence du marquis d'Aligre, qui y avait une jolie maison de campagne nommée *Colifichet.*

Le château a été longtemps la propriété de M. Chanorier, dernier seigneur de Croissy et ancien receveur-général des finances. La seigneurie de Croissy appartint anciennement aux seigneurs de Marly ; mais au XVe siècle, elle avait passé dans la famille des Hennequin.

Un jour, on apprend qu'il existe dans la maison 200 setiers de pommes de terre, au temps de la famine. Cette découverte est regardée comme un présent du ciel, et le partage s'en fait entre les communes voisines.

On voit encore, sur l'avenue de Croissy, une petite maison gothique qui servait de repos de chasse à Henri IV. Cette propriété appartenait au marquis d'Aligre, et a été vendue depuis son décès. Elle est connue sous le *pavillon Henri IV* ou pavillon *Gabrielle.*

Une jolie maison à l'entrée du village, qui a appartenu à la vicomtesse de la Roche-Aymon, a été habitée par l'impératrice Joséphine.

MONTESSON.

Montesson est un village situé dans la troisième presqu'île que forme la Seine entre Paris et Saint-Germain, à 18 kilomètres de Paris et à 4 kilomètres de Saint-Germain, sur une élévation nommée *Mons Taxonis*, d'où lui est venu le nom du village.

On a vu, dans le récit des faits qui se rapportent à Chatou, que Montesson faisait autrefois partie de la paroisse de Chatou.

On ne sait pas au juste à quelle époque elle en fut détachée. Ce qui est certain, c'est qu'en 1157 il y avait une cure à Montesson, puisque les habitants prétendaient alors qu'originairement les deux paroisses n'en formaient qu'une, et qu'ils relevaient *de la cure de Chatou.*

Vers 1470, il n'y avait que quatre habitants à Montesson, deux à Croissy et trente à Chatou. Ce dépeuplement provenait sans doute des désastres causés par les guerres et les invasions, qui avaient détruit, dans ces temps reculés, les villages qui se trouvaient dans les environs de Paris.

Les habitants de Montesson plaidèrent, en 1381, à l'effet d'être déchargés du guet pour le château de Saint-Germain.

On ne connaît point de seigneur de Montesson plus ancien que la nourrice de Louis XIV.

Cette femme habitait une maison située grande rue, et dont le propriétaire actuel est M. Philippe Nicolle.

Sur la façade extérieure, il existe un balcon en fer, supporté par une pierre sculptée dans le style de l'époque; dans l'intérieur du bâtiment, on remarque aux poutres et solives des peintures anciennes. Ces derniers vestiges d'embellissements annoncent que la nourrice du royal enfant a voulu que la générosité d'*Anne d'Autriche*, sa mère, décorât sa modeste demeure.

Elle se nommait *madame Ancelin*; son chiffre se voit sur la porte de la cour intérieure de sa maison. Outre une fondation pieuse qu'elle fit à l'église de Montesson, on voit encore dans cette église un tableau qu'elle lui donna. Ses descendants et ceux de sa famille habitent cette commune.

Un des derniers seigneurs fut M. de Bertin, ministre de Louis XVI, seigneur de Chatou et Montesson, et auquel a succédé M. de Feuquières, dont la femme a péri sur l'échafaud révolutionnaire.

Il y avait sur cette paroisse et sur le bord de la Seine, en face Carrières-sous-Bois, une seigneurie dite de *la Borde.* Le seigneur obtint de Henri III, en 1582, que cette terre serait désormais appelée *Vailly-la-Borde*, avec défense de l'appeler autrement « sous peine d'amende arbitraire. » Ordonnance vaine! Les souverains ont souvent voulu opérer des changements de noms géographiques; ils l'ont tous tenté sans succès : le pouvoir des rois ne s'étend pas sur la routine.

Un des anciens seigneurs de la Borde a été le comte de la Colombière, un des courtisans de Charles IX, chef de la Ligue à la Saint-

Barthélemy. Un de ses descendants, Gilles de la Colombière, vivait encore en 1760, il avait été écuyer garde-du-corps de la reine d'Espagne ; il est décédé à Saint-Germain.

François Nègre, lieutenant-criminel de la prévôté de Paris, a été seigneur de la Borde. Depuis, le château seigneurial et la terre en dépendant ont été la propriété de M. Bouret d'Erigny et de son petit-fils le marquis de Bruyères-Chalabre, qui est mort à Paris en 1832, après avoir légué les débris de sa fortune à mademoiselle Mars, actrice du Théâtre-Français.

On raconte quelques traits de la vie de ce singulier marquis. Un jour, en se promenant sur les boulevards, il rencontre une femme avec ses deux filles, toutes pauvrement vêtues, et qui lui demandent l'aumône ; il leur jette deux pièces d'or, et, plus tard, donne 1,500 francs de rente à chacune de ces filles et les marie.

Une autre fois, il se casse une jambe. Un café se trouve en face, dans un des plus brillants quartiers de Paris : il s'y installe comme chez lui, s'y fait dresser un lit et y reste pendant deux mois, jusqu'à sa guérison. Le limonadier avait consenti à le recevoir et à fermer boutique ; mais il reçut une indemnité considérable.

Bref, ce descendant d'anciens seigneurs, ce fils plusieurs fois millionnaire, s'est ruiné au jeu et avec les femmes, et a dissipé plus de cent mille francs de rente. La terre de la Borde a été son dernier morceau de pain.

Le village de Montesson est moins ancien que celui de Chatou, dont il était une dépendance. Le littoral des fleuves a d'abord été habité, ensuite l'intérieur des terres ; ce sont des faits qui se sont produits sur tout le globe. L'église est plus grande que celle de son ancienne métropole ; elle est à peu près du même style. On voit les restes de l'ancien château seigneurial, qui appartient actuellement à M. Guyon, propriétaire à Montesson.

La propriété de M. Rosset, avec des jardins

et un joli parc, est situé à l'extrémité nord du village.

La *Tour* est une habitation pittoresque sur la route qui conduit à Sartrouville.

LES CARLISTES ET LES MALES-HUPPÉS.

La civilisation et l'instruction sont beaucoup moins répandues parmi certains villages des environs de Paris que dans les provinces lointaines. Cette opinion, qui peut paraître hasardée au premier coup d'œil, n'en est pas moins exacte, et, pour un observateur attentif, il en trouve la cause principale dans la nature de la culture des terres et le contact d'une certaine classe d'individus.

Ainsi les habitants qui cultivent les légumes se vouent de bonne heure à cette culture, qui exige un travail opiniâtre et assidu. Quelques arpents de terre suffisent pour occuper annuellement une famille entière; de là cette nécessité de tous les jours et de tous les instants; et, dès l'époque où les enfants ont acquis un peu de force, ils abandonnent l'école pour le travail manuel; de sorte qu'il en est très peu qui acquièrent un degré d'instruction convenable, et de là cette rudesse de caractère et de mœurs qu'ils conservent toute leur vie.

Ces habitudes sont encore gâtées par la fréquentation de cette classe d'individus de la capitale auxquels ils ont affaire tous les jours, c'est-à-dire aux habitués démoralisés des marchés, en un mot, à la partie la plus grossière du peuple de Paris.

Ces exemples de vice et de grossièreté rapportés dans les campagnes corrompent les mœurs et complètent la démoralisation des habitants.

Ces mœurs, comme on vient de le dire, dérangent nécessairement l'économie des ménages; la passion du vin engendre la fainéantise, et ils sont forcés de recourir à des emprunts qui les tiennent dans un malaise dont ils sortent difficilement.

Je ne parle ici que d'une partie de la population, la grande majorité en est exceptée.

Cependant il faut reconnaître que, depuis

quelques années, il y a une amélioration notable parmi les habitants de cette commune, et des individus qui ne possédaient rien sont aujourd'hui propriétaires d'une modeste fortune, et tout annonce que, dans l'avenir, on n'aura que de nombreuses exceptions à citer et que les faits que nous allons raconter ne se renouvelleront plus.

Le territoire de Montesson est composé d'environ 615 hectares (2,000 arpents) de terres très médiocres, dont 840 arpents dépendent de la terre de la Borde, qui sont affermés à un grand nombre d'individus; une grande partie du surplus appartenait aux anciens seigneurs, qui l'ont vendue aux habitants à la charge de redevances foncières qui grèvent les propriétés d'un nombre infini de rentes qui se sont perpétuées de père en fils jusqu'aujourd'hui. La plupart de ces rentes n'ont pas été remboursées; au contaire, on en a créé de nouvelles; de sorte qu'il existe une masse de dettes sur ce territoire qui est effrayante.

Cet état de gène est encore aggravé par d'autres dépenses qui ne permettent pas toujours d'envoyer les enfants à l'école, et par la nécessité de travailler pour vivre.

On doit déjà pressentir qu'avec un tel état de choses, le moindre événement qui arrive dans cette commune est mal apprécié ou a bientôt changé de nature par la fausse direction qui lui est donnée. Cette explication préliminaire était nécessaire pour bien comprendre les faits qui vont suivre.

Pendant le cours de l'année 1833, il s'est élevé des difficultés entre le curé et le maître d'école de Montesson, au sujet de la conduite scandaleuse de ce dernier.

La rumeur publique accusait le maître d'école :

1° De débaucher les femmes et les filles du pays ; on rapportait même qu'il a eu plusieurs enfants de ce commerce illégitime ; qu'une fille des environs a disparu pendant plusieurs mois et n'a reparu qu'avec la figure défaite et la taille déformée ; qu'une femme du pays, séparée depuis longtemps de son mari, est accouchée des œuvres du maître d'école;

2° Que la femme de ce dernier s'est battue, dans la rue et en plein jour, avec une autre femme qu'on désignait comme ayant des liaisons avec son mari;

3° Que le maître d'école n'était jamais chez lui, qu'il ne sortait du cabaret que pour se livrer à ses passions amoureuses, enfin que ses écoliers n'apprenaient rien;

4° Qu'après avoir sonné l'*Angelus*, le clocher devenait ordinairement le théâtre de ses exploits.

Ces accusations étaient-elles vraies, je n'en sais rien; toutefois, le scandale devint si grand, que le curé chassa le maître d'école de son église et le destitua de ses fonctions de chantre au lutrin; plusieurs autres, ayant voulu prendre fait et cause pour leur chef, reçurent l'injonction de ne plus mettre les pieds dans l'église. Cette vigueur du curé souleva contre lui les partisans du maître d'école, et fut la cause primitive d'une scission entre les habitants;

les partisants du curé furent appelés ***Carlistes***, et ceux du maître d'école ***Républicains.***

Alors il fut ordonné une enquête pour connaître l'origine des troubles dont cette commune était agitée, notamment tous les dimanches et lundis, jours où les habitants se rassemblaient par groupes, se disputaient et même en venaient souvent aux mains.

Cette enquête, quoique faite par le maire d'Argenteuil, homme intelligent, manqua son but; les commissaires furent, à ce qu'il paraît, circonvenus par les autorités municipales, qui voulaient à tout prix conserver le maître d'école, qui était aussi secrétaire de la mairie; ils donnèrent tort au curé, qui fut expulsé de la commune.

Ce déplorable résultat fut pour Montesson un événement fâcheux; il enhardit les partisans du maître d'école, et les *Carlistes* en furent stupéfaits : ils étaient l'objet des railleries de leurs adversaires.

On doit faire observer ici que ces dénominations de *Carlistes* et de ***Républicains*** n'avaient aucune signification politique. Les habitants de Montesson, alors comme aujourd'hui, étaient d'une opinion très modérée.

Quoique l'expulsion du curé eût eu lieu, la querelle continua toujours entre les adhérents des deux partis. A cette occasion, le bal public se divisa en deux ; Lesage, ménétrier en titre, loua une autre salle de danse dans la maison de M. Rosset, et, par les charmes de son harmonie, réussit à attirer tous les dimanches un grand nombre de danseurs. Son bal était encore alimenté par la jeunesse de Carrières, qui le fréquentait de préférence, parce que ce ménétrier avait épousé une fille de cette commune.

A cette époque, les partisans du maître d'école, qui fréquentaient l'ancien bal, avaient changé leur dénomination de *Républicains* en celles de *Males-Huppés* (sans doute parce que leur patron était réputé pour un bon mâle : il était surnommé *Bras-de-Fer*).

Les troubles qui agitaient Montesson, que les autorités n'avaient ni voulu ni pu prévenir et calmer, et que le résultat du rapport avait envenimé, ces troubles, dis-je, prirent en dehors de la commune un caractère de brutalité et de violence qu'on ne comprend pas. La scène change, et les haines de village à village vont se réveiller.

Quinze jours environ avant Pâques, un jeune garçon de Carrières-Saint-Denis fit danser la fille du berger de la Borde, qui était fort jolie, au bal des *Mâles-Huppés* et, par galanterie, la reconduisit à la Borde, distante d'une demi-lieue de Montesson. Les *Mâles-Huppés* en prirent ombrage et menacèrent ce jeune homme ; en effet, ils l'attendirent à son retour et lui administrèrent une volée de coups de poings.

Le jour de Pâques, environ quinze jeunes gens de Carrières, bien endimanchés et sans intentions hostiles, dit-on, allèrent se divertir à Montesson ; ils descendirent dans la salle de danse des *Mâles-Huppés*. Il s'éleva immédiatement une dispute ; les *Mâles-Huppés* coururent chercher un tambour et, excités par d'autres individus, firent battre le rappel à coups précipités. En un moment, on vit une foule d'individus sortir de leurs maisons et se jeter furieux sur les jeunes gens de Carrières; ces derniers avaient-ils tort ou raison, furent bientôt battus et leurs habits déchirés. Plusieurs se refugièrent chez Dapoigny aîné, boucher du lieu, ce dernier les reçut, ferma sa porte et menaça les assaillants de son couperet, ce qui les éloigna. (On observe que ce boucher allait toutes les semaines vendre de la viande à Carrières, ce qui explique l'hospitalité qu'il a donnée).

Cette journée se passa sans effusion de sang, mais la fermentation n'était pas calmée.

Le lendemain, en reconduisant des conscrits de Houilles, plusieurs Montessonniers attaquèrent un nommé Vincent Sarrazin de Carrières qui cultivait son champ et le forcèrent de quitter sa charrue; mais des garçons de Carrières ayant eu connaissance de ce qui se passait coururent près de Houilles attendre les gens de Montesson, et à l'apparition de ceux-ci, il s'engagea un combat à coups de pierres. Néanmoins, aidés par les conscrits de Houilles, ceux de Montesson repoussèrent leurs adversaires dans leur commune; ils envoyèrent pendant ce temps un courrier à Montesson et, en peu de temps, une levée en masse d'environ quatre cents *Mâles-Huppés* se portèrent sur Carrières, armés d'é chalas, de bâtons et de fusils.

Les paysans après s'être préalablement injuriés en vinrent bientôt aux voies de fait; on se jetait des pierres, on se battait à coups d'échalas; des coups de fusil furent échangés de part et d'autre, des vignes furent ravagées, et enfin dans le fort de la mêlée un *Mâle-Huppé*, nommé Jacques-Simon Lambert, fut éreinté, et ses camarades obligés de l'emporter à Montesson sur un brancard fait avec des échalas; à cette vue, le reste des *Mâles-Huppés* qui étaient restés chez eux sortirent en furieux et résolurent de tuer et assommer tous ceux de Carrières.

On voit que nous sommes déjà loin des

scènes amoureuses du clocher de Montesson. Mais, continuons : La dernière résolution des *Mâles-Huppés* fut bientôt mise à exécution.

Deux individus de Carrières, nommés Stanislas Darré et Pierre-Charles Raby, qui revenaient paisiblement de Saint-Germain chez eux, sans se douter du guet-apens dont ils allaient être victimes, près d'arriver à Carrières, furent entourés par un groupe d'hommes, femmes et enfants et assommés sur place avec une rare férocité.

Dans le groupe qui se battait plus près de Carrières, on n'eut point de semblables malheurs à déplorer ; les combattants en furent quittes pour quelques contusions et la nuit mit fin au combat.

Alors les autorités de Carrières ramassèrent leurs blessés ; un médecin donna les premiers soins aux sieurs Darré et Raby qui n'étaient pas morts.

Pendant ce déplorable événement, les autorités de Montesson ne se montraient nulle part.

M. Ract, alors chef de bataillon de la garde nationale, résidant à Carrières, aux premiers bruits de cette collision, se transporta en uniforme à Montesson au risque d'être aussi assommé ; là, il trouva le capitaine barricadé chez lui et qu'on avait voulu tuer comme soupçonné d'être partisan du curé ; les autorités municipales étaient chez le maire sans prendre de résolution.

Le chef de bataillon, après avoir essayé de calmer les groupes qui stationnaient dans les rues et de rétablir l'ordre, rentra chez lui sans accident, ce qui prouve qu'avec de la fermeté, le maire eût pu empêcher tous ces malheurs.

Cette affaire fut soumise à la justice de Versailles, et pour mettre les communes d'accord, on condamna un individu de chaque village des plus compromis, chacun à six mois de prison.

Plus tard, le chef des *Males-Huppés* fut attaqué sur le chemin de Houilles par des gens qu'il ne put reconnaître, battu avec fureur et mourut six mois après. Ce crime est resté impuni ; la justice n'en eut pas connaissance.

Outre la culture des légumes qui se fait en grand à Montesson, on exploite encore des carrières de pierres tendres et de moellons sous son territoire.

Une coutume singulière est encore en usage à Montesson ; lorsque l'on veut creuser un puits et être sûr de trouver de l'eau, on appelle un individu de Bougival qui, avec une *baguette de coudrier* qu'il tient des deux mains entre ses jambes, fait mine de sonder le terrain. Si la baguette tourne, c'est qu'il y a de l'eau ; si elle reste immobile, il n'y en a pas. Cette superstition pourrait bien avoir pris naissance dans ce que nous avons rapporté, relativement au châtiment du crime des traîtres qui préparèrent la mort du paladin Roland.

On se rappelle les exploits de la bande des *chauffeurs* qui, dans la première année de la révolution, fit tant de bruit et imprima tant de terreur parmi les fermes et les maisons isolées d'un certain rayon autour de Paris, et dont le principal argument consistait à brûler les pieds des propriétaires pour se faire indiquer où était leur argent.

Le chef de cette bande, connu par son intrépidité et son audace aventureuse, s'appelait Nezel; il était connu plus généralement sous le nom de *petit François* ou *petit Nezel*. Il avait eu un enfant d'une concubine qu'il adorait, et qu'il avait placé en nourrice à Montesson, chez la femme d'Etienne Debled.

Après la condamnation et la mort de son père, cet enfant continua d'être élevé par sa nourrice. Il existe encore et habite Montesson. C'est un cultivateur honnête homme.

Singulier rapprochement! Louis XIV a eu aussi sa nourrice dans ce village!

La fête patronale a lieu le jour de Saint-Côme. La population est d'environ 1,300 habitants.

CARRIÈRES-SAINT-DENIS

Ce village est situé sur la pente d'une des

collines qui bordent la rive droite de la Seine, à 6 kilomètres sud-ouest d'Argenteuil, à 16 kilomètres nord-ouest de Paris et à 2 kilomètres sud de Chatou.

On a ajouté à Carrières le surnom de Saint-Denis, parce que ce village appartenait à l'abbaye de cette ville ; mais le nom de Carrières lui vient des nombreuses carrières de pierres et moellons qui existent sous son territoire depuis un temps immémorial.

Ce village est presque aussi ancien que Croissy et Chatou et existait du temps des invasions des Normands qui côtoyaient ses rivages pour aller attaquer l'antique Lutèce.

Au douzième siècle il était assez considérable pour fournir au guet du château de Saint-Germain ; mais ses habitants furent en 1381 exemptés de cette charge, ainsi que du droit de *prise* pour le service de la cour. En 1404 les abbés de Saint-Denis avaient à Carrières un château-fort dont les restes se voyaient encore au 18e siècle, dans lequel Philippe-le-Bel et Philippe de Valois rendirent plusieurs ordonnances.

On voit dans l'église de Carrières un groupe de figures en pierres qui représentent la cérémonie du baptême de Notre-Seigneur Jésus-Christ.

Ces sculptures du premier temps de l'art sont très précieuses. Elles avaient été recouvertes de plâtres pendant la révolution, depuis, retrouvées et vendues par le conseil de fabrique à un brocanteur de Paris ; mais elles ont été revendiquées par l'autorité municipale et réintégrées dans l'église de cette commune.

La plaine de Houilles est renommée par les chasses qu'y firent Henri III, Henri IV, Louis XIII, Louis XV, le comte d'Artois, depuis Charles X. Il y avait même encore avant la révolution entre Houilles et Carrières une croix appelée la Croix des *Dine-Chiens*, parce que Henri IV faisait, dit-on, dîner ses chiens en cet endroit.

Les vins de Carrières sont renommés par leur

qualité parmi les vignobles des environs : c'est la *petite Bourgogne.*

On fait aussi dans cette commune un grand commerce de lait et de fromages avec Paris et Chatou.

Les rues du village sont étroites, tortueuses et difficiles à pratiquer aux voitures, cela tient à la forme accidentée du terrain ; cependant un plan d'alignement ayant été fait, il est permis d'espérer pour l'avenir des rues mieux alignées et des constructions plus élégantes.

On aperçoit encore tout près de Carrières sur la route de grande communication entre cette commune et Chatou, au-dessus des carrières ouvertes, des restes de portes et tours qui annoncent qu'en cet endroit il y a eu des fortifications anciennes.

On remarque aussi près du chemin de halage, avant d'arriver au village, une source appelée *Fontaine du Ru*, dont les eaux limpides sont bonnes à boire.

La fête patronale a lieu le jour de Saint-Jean-Baptiste.

La population est d'environ 1050 habitants.

Depuis Carrières jusqu'à Croissy, en longeant les bords fortunés de la Seine, on jouit d'un coup d'œil magnifique; devant le promeneur étonné se déroule un admirable panorama, des îles verdoyantes, les villages de Nanterre, Rueil et Bougival apparaissent devant lui avec leurs maisons blanches et pittoresques, le Mont-Valérien, les coteaux de la Malmaison et de Louveciennes avec leurs frais ombrages forment le cadre de cet admirable tableau. La vue de la terrasse qui conduit de Chatou à Croissy surtout est au-dessus de tout éloge.

Accourez, amateurs de la belle nature, accourez et jugez !

Et vous tous canotiers et marins d'eau douce de toutes couleurs qui dans vos embarcations élégantes et gracieuses, balancez vos belles sur les ondes tranquilles du fleuve, vous compléterez la description!

FIN.

Paris. — Imprimerie de BUREAU et Cᵉ, 14, rue Gaillon.

BIBLIOTHEQUE NATIONALE DE FRANCE
3 7531 00881707 5

www.ingramcontent.com/pod-product-compliance
Ingram Content Group UK Ltd.
Pitfield, Milton Keynes, MK11 3LW, UK
UKHW020156200726
13856UKWH00003B/1019

9 782011 928764